東吳帝國

兄弟爭鋒
江東霸業的奠基

司馬路　著

「舉江東之眾，決機於兩陳之間，與天下爭衡，卿不如我；
舉賢任能，各盡其心，以保江東，我不如卿。」

——孫策

目錄

目錄

東吳：三國時代最被忽略的精彩

（以東吳為主體敘述三國正史的小說）

《三國》故事的說書人，以及貫串史事與民間傳說而寫成小說的羅貫中對蜀漢的偏袒實在是過分了。……痛貶曹操，那也罷了；連東吳人物也一併貶低……我甚至想過要寫一部以東吳為主體的《三國演義》，主角自然是周瑜和陸遜、陸抗，次主角是孫策、孫權、顧雍以及美人大喬、小喬……陸遜文武全才，政治上能忍辱負重，是中國歷史上的第一流人物，我對他欽佩之極。

——《金庸與日本作家池田大作對話錄》

我想寫的是一個風雲的時代，一群在歷史上真實存在的人物，他們有自己鮮明的個性與追求，我試圖透過史料深入他們的內心，而不是斷章取義、隨意調侃與無原則地吹捧。《東吳》書中一干人物，包括孫權、陸遜、張昭在內都並不完美，然而他們的悲、喜、嗔、怒都很真實且極富個性，這正是我心目中的真三國。

——本書作者司馬路

網友評論

認識司馬路君已經兩年多時間了，當時在部落格裡看到他的第一篇寫秦史的文章，便不禁拍案叫絕。而後看多了他的文章，感覺看似大話歷史，文字詼諧，但是卻藏著史家的睿智和史詩的英雄主義。而在《東吳》一書中，司馬路君再次展示了他的史學功底和渾厚筆力，足以為被《三國演義》矮化了的東吳英雄們正名。

——董榮明

很多作家大多追隨流行風尚，而真正的歷史小說，不媚俗，不浮華，將真實的歷史以最乾淨的方式展現給讀者。《東吳》行文流暢，多為凝練的紀史筆調，但也不乏輕鬆詼諧的片段。而細膩純粹而又大氣的描繪，極力貼近歷史卻又不拘泥於此，讓人讀來彷佛真的身處於那個令人血脈激盪的年代，而那些一千八百多年前的英傑們，也都個個鮮活而有靈氣的展現在眼前。在這裡，沒有狗血的三角戀情，沒有譁眾取寵的諸多橋段，所有的，卻是一群鮮活而靈氣的角色，靜靜地重演著那段深植於歷史之中掩埋著的，令人血脈激盪的歷史。如白描人物畫一般樸素，卻不失鮮活的眉角與靈氣。

——傾城雪殤

序言

說起三國梟雄，我們常想起曹操、劉備，正如舞臺上的臉譜，一個白臉一個紅臉，性格分明，形象清晰，令人印象深刻。至於孫權，他的形象是含糊不清的，在京劇臉譜中，孫權是一張水白抹臉，勾本眉、細眼窩，眼窩下有一道綠，對應「碧眼紫髯」之義，而白臉則代表他的心機。

然而這樣的一個人物，在歷史的年表上卻是何等的叱吒風雲？他的人生，又是何等的跌宕起伏？

十一歲那年，英雄父親孫堅在荊州的峴山之中中箭身死……

十九歲那年，號稱「小霸王」的兄長孫策在一次狩獵中遇刺身亡……

二十七歲那年，大漢丞相曹操席捲荊州，水陸並進，下書江東……

四十歲那年，劉備為關羽報仇，舉國而來……

五十歲左右，他的目光投向了臺灣，當時那個島嶼的名字叫夷洲……

六十歲以後，他為繼承者的問題所困擾……

對於孫權這個兄弟，孫策說：「舉江東之眾，決機於兩陳之間，與天下爭衡，卿不如我；舉賢任能，各盡其心，以保江東，我不如卿。」對於孫權這個老闆，周瑜說：「將軍以神武雄才，兼仗父兄之烈，割據江東，地方數千里，兵精足用，英雄樂業。」魯肅說：「孫討虜聰明仁惠，敬賢禮士，江表英豪咸歸附之。」陸遜說：「陛下以神武之姿，誕膺期運，破操烏林，敗備西陵，禽羽荊州，斯三虜者當世雄傑，皆摧其鋒。」對於孫權這個競爭對手，曹操說：「生子當如孫仲謀！」劉備說：「孫車騎長上短下，其難為下，吾不可以再見之。」對於孫權這個歷史人物，辛棄疾說：「千古江山，英雄無覓，孫仲謀處。」

生子當如孫仲謀，這位孫仲謀，究竟是何等人物？

說起智謀韜略，我們常想起孔明、周瑜。魯迅在《中國小說史略》中說羅貫中寫諸葛亮「多智而近妖」，其實在人們的心中，諸葛亮幾乎就是傳說中的「神仙」，他能掐會算，能呼風喚雨，更重要的是他還是個道德完美的典範。至於周瑜，蘇東坡一詞「人道是、三國周郎赤壁，亂石穿空、驚濤拍岸、捲起千堆雪」令人翕然嚮往他的風采，一句歌謠「曲有誤，周郎顧。」更給予人「時尚達人、文藝明星」的突出印象，試想周瑜這樣的帥哥，假如生在當世，又會迷倒多少師奶和少女。

然而周瑜之後，東吳陷入後繼乏人的窘境，魯肅、呂蒙，都難稱一流。如果說赤壁一戰中的周瑜阻止了曹操一統天下的步伐，挽救了江東的危亡。那麼，誰奠定了東吳的霸業，誰又令劉備「江流石不轉，遺恨失吞吳」？陸遜，一個白面書生，一個家族破碎、流離江東的孤兒，是因為什麼，成為支撐東吳霸業的中流砥柱？

說起君臣，我們常想起劉備與孔明、孫策與周瑜，杜甫一首〈蜀相〉：「丞相祠堂何處尋，錦官城外柏森森。映階碧草自春色，隔葉黃鸝空好音。三顧頻煩天下計，兩朝開濟老臣心。出師未捷身先死，長使英雄淚滿襟。」我雖不是英雄，讀了也忍不住淚落滿襟。

很少有人說起孫權與陸遜，也很少有人知道，這對君臣之間曾經的肝膽相照與猜忌怨恨。鼎立時代，孫權每次寫信給諸葛亮，都會派人把信送到鎮守武昌的陸遜那裡，讓他檢閱書信內容，如有不妥，即行改正。孫權還送給陸遜一枚印章，讓他代表自己行印。石亭之戰，孫權親臨戰場，把代表君王誅殺權力的黃鉞授予陸遜使用，並「親執馬鞭以見之」，可見他對陸遜的器重。陸遜大破曹休之後，班師回鎮荊州。孫權「令左右以御蓋覆遜，入出殿門。凡所賜遜，皆御物上珍，於時莫與為比」。可謂榮寵之極。

然而若干年之後，兩人之間的信任卻已經蕩然無存，孫權甚至多次派中使特地從建業千里迢迢趕路到荊州責罵陸遜，陸遜的幾個外甥，都被孫權流放。太傅吾粲甚至因為與陸遜通信商量國事，送了性命。於是在夷陵之戰後二十三年，東吳丞相陸遜含恨而亡，終年六十三歲。

如果說諸葛亮的死讓曹魏鬆了口氣，那麼陸遜的死，令曹魏完全可以歌舞昇平。蜀漢、東吳、曹魏陸續走上一條糜爛的死亡之路，整部《三國志》的後半部只聽見司馬懿父子三人的冷笑。

孫權與陸遜，兩個亂世英傑的傳奇，三國時代最被忽略的精彩！

登場人物

孫氏一門

孫堅：漢末名將，陣斬華雄（《三國演義》中把這一殊榮送給了關羽），為人勇猛善戰但是個性急躁，在與劉表的衝突中中了埋伏，死於峴山。

孫策：孫堅之長子、孫權之兄，官渡之戰前夕打算偷襲曹操，結果在丹徒遇刺身亡。遺留下一子、三女。性格與父親孫堅極為相似，命運亦同病相憐。

孫權：孫堅之次子，兄長死後接管江東，後稱帝，本書的第一主角，歷史上的謚號是

「吳大帝」，性格像母親吳氏，但是也曾夢想如父兄們笑傲沙場，結果是在逍遙津大敗險些喪命，從此有自知之明。中年以後漸漸剛愎自用，顯露出與父兄相似的急躁性格。治國理想上更傾向於韓非子的權、術、勢學說，由此與主張儒、道治國的陸伯言發生衝突。

孫翊：孫堅之三子，性格又與孫堅、孫策如出一轍，勇猛、急躁的另一面是善良、單純，一度遭到孫權的猜忌，後被部下殺害。

孫輔：孫權的堂哥，懷疑孫權的能力不足以保守江東，所以暗自勾結曹操，被孫權識破，死於幽禁。

孫尚香：孫堅之女、孫權的妹妹，嫁給了劉備為妻，一心想做劉備的好妻子，然而卻被劉備視為孫權派來的監視者。失敗的政治聯姻斷送了她的幸福，《三國演義》虛構了夷陵之戰中她投江而死的「殉夫」情節。

孫舒城：孫策之女，嫁給了陸伯言為妻，史書中無名，「舒城」一名為作者設計，在本書中，她是一個堅強、美麗的女子，生育並培養了一代名將陸抗。

孫大虎：孫權之女，大名魯班，先後嫁給了周循、全琮為妻，「兩宮之亂」的幕後策劃者、「後孫權時代」的「隱形女王」，是一個野心勃勃、迷戀權力的武則天型女子。

孫小虎：孫權之女，大名魯育，大虎的妹妹，嫁給了朱據為妻，繼承了母親步夫人的溫柔善良，後來死於親姐姐大虎之手。

孫登：孫權長子，在《東吳祕史》中，是陸伯言寄予厚望的「未來明君」，因為與陸遜走得太近遭到孫權斥責，後因不明原因去世。

孫和：孫權第三子，母親王夫人曾與大虎之母步夫人爭寵，結下冤仇。遭到大虎陷害，母親憂鬱而死，孫和本人也失去太子之位。

孫霸：孫和的弟弟，與哥哥孫和爭奪太子之位，實際上只是大虎手中的一張牌，後來被孫權處死。

江東將相一眾

張昭：來自江北彭城的流亡之士，孫策的得力助手。孫策死後一心輔佐孫權，曾是孫權最為依賴的師長，然而個性火爆、剛直敢言，又一直把孫權當小孩子來看待，動輒訓斥，常常讓孫權下不了臺，以至於末年兩人關係時好時壞，孫權稱帝時堅決不用他做丞相。病死於嘉禾五年（西元 236 年），有兩個兒子，一個早死，一個牽扯入兩宮之亂，被孫權殺害。《三國演義》將張昭描寫成為一個貪生怕死、迂腐無知之人。

周瑜：來自江淮廬江舒縣的流亡之士，孫策的好兄弟兼助手。帥哥、智將兼文藝達人，赤壁之戰的真正主角，唯一的缺點是短命，死於西征益州途中。有兩個兒子，一個娶了孫權那個強悍的女兒大虎，早死。另一個被孫權流放，病死。《三國演義》將周瑜描寫成為一個心胸狹隘、妒賢嫉能之人。

魯肅：來自江淮的流亡之士，孫劉聯盟的一手促成者及維護者，比諸葛亮更早提出天下分治的藍圖，作為文官中的少壯派得到孫權的提拔。周瑜死後代替周瑜領兵，主持了「借荊州」等事宜，此後劉備一直賴著不還，直到魯肅去世時荊州還在劉備手中。為人慷慨有遠略，治軍嚴整，缺點是愛說大話、思慮不嚴密，《三國演義》將其描寫成為一個忠厚但總是被騙的老好人。

諸葛瑾：來自北方的流亡之士，諸葛亮的哥哥，擅於調解人際關係，得到孫權的賞識，與陸遜的關係也不錯，一度是權、遜之間的溝通橋梁。

呂蒙：來自中原的流亡之士，從小將奮鬥至一軍之統帥，曾是一介武夫，後來勤奮好學，令魯肅刮目相看。設計襲取荊州，病死。《三國演義》虛構了他被關羽索命而死的情節。

顧雍：江東本土士族，個性沉穩冷靜、嚴肅而寡言少語，官至丞相，與陸遜組成東吳最輝煌時代的「文武搭檔」，後來遭遇呂一迫害，倖免於難。死後長孫顧譚一度代理丞相，「兩宮之亂」中顧家受到最嚴厲的打擊，兩個孫子被殺，顧家幾乎一蹶不振。

朱然：字義封，江東本土士族、孫權的老同學，呂蒙推薦他接替自己的職位，後來看穿世事，在兩宮之亂中一語不發，躲過了災難。病逝之時孫權很是痛心。

陸遜（陸議）：字伯言，本書的次主角。出自江東大族，娶了孫策之女，在夷陵一戰中火燒連營、擊敗了劉備，又在石亭之戰中擊潰了曹休，官至上大將軍、丞相，在二宮之亂中憤憤而死。為人溫和而倔強、內斂而有智慧，能忍辱負重，是韓信一類的人物。缺點是書生氣較重，長於軍事征戰、短於權勢之爭。有兩子，一子夭折，另一子陸抗，為東吳名將。《三國演義》虛構了陸遜在夷陵之戰後受困八陣圖、經諸葛亮岳父黃承彥點撥才得以脫身，慨嘆：「孔明真臥龍也，吾不能及！」的情節。

全琮：東吳後起之秀，江東本土士族，「為人恭順，善於承顏納規，言辭未嘗忤人之怒」，是一個頗懂處世之道的人物。後迎娶了孫大虎，從此捲入「兩宮之亂」，與顧、陸對立，陸遜死後兩年病死。

甘寧：來自巴蜀的流亡之士，水賊出身，先後為劉表、孫權效力，最大的功勞是幫助孫權殲滅了江夏的黃祖，報了父仇。《三國演義》虛構了他被沙摩柯射死的情節。

步騭：來自江淮的流亡之士，族女入宮為孫權的夫人，一度最為受寵，生下了大虎和小虎。步騭本人也是東吳重臣，為人寬宏大度、喜怒不形於色。捲入「兩宮之亂」，與顧、陸對立，陸遜死後替代陸遜為相，兩年後病死。《三國演義》虛構了諸葛亮舌戰群儒、說得步騭啞口無言的情節。

凌統：江東本土士族，因父仇與甘寧水火不容。逍遙津一戰中拚死捍衛孫權，力保不失。

朱桓：東吳後起之秀，江東本土士族，石亭之戰中建議設伏夾石，未被採納。個性暴躁衝動，並因此付出了沉重的代價。

朱據：東吳後起之秀，江東本土士族，文武全才，是孫權眼中的「未來之星」，娶了孫小虎為妻。然而遭遇呂一的陷害，後來又捲入「兩宮之亂」，被殺。

潘濬：東吳陣營中少有的荊州之士，與陸遜關係融洽，官至太常，屢次遭到呂一迫害，是陸伯言的最佳搭檔。兩宮之亂前已經死去。

呂一：出身不明，孫權的親信兼打手，先後迫害過潘濬、顧雍、朱據並試圖把矛頭指向陸遜，朱據一案中失手，被孫權拋棄、處死。

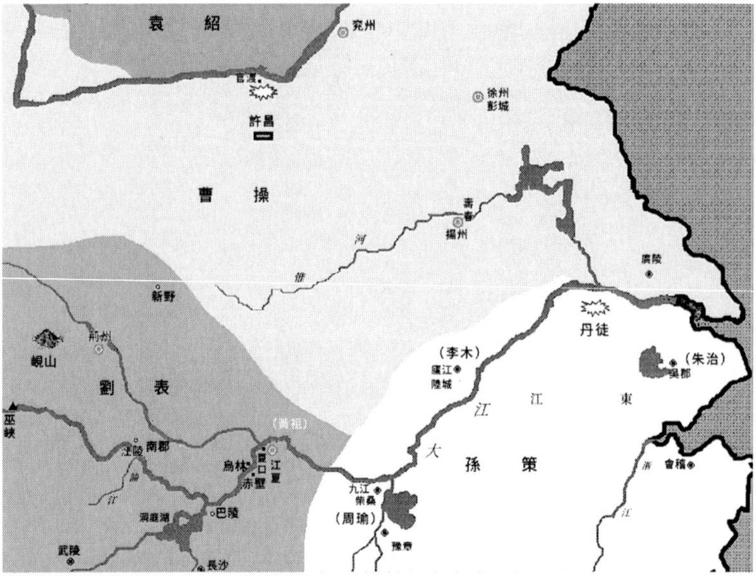
袁 紹
兗州
官渡
許昌
徐州
彭城
曹 操
壽春
揚州
河
淮
廣陵
新野
荊州
峴山
劉 表
巫峽
丹徒
（李木）
廬江
陵城
（朱治）
吳郡
江 東
大 江
（黃祖）
江陵
南郡
烏林
夏口
赤壁
江夏
孫 策
會稽
九江
柴桑
（周瑜）
豫章
巴陵
洞庭湖
武陵
長沙
浙
江

地圖：（1）孫策時代的江東

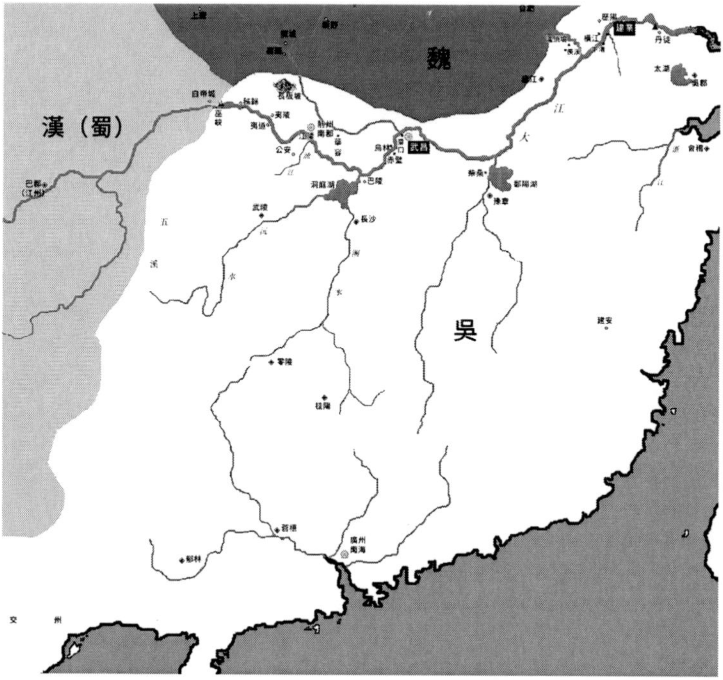

地圖：（2）孫權稱帝時的東吳

引子

建安十三年，孫權二十七歲，聖人有云：「吾十有五而志於學，三十而立，四十而不惑，五十而知天命，六十而耳順，七十而從心所欲！」以孔聖人的標準來看，孫權尚未而立，還處在心智不成熟、需在社會實踐的大風大浪中多多歷練的年紀。

然而，本朝禮俗：男子二十歲束髮而冠，女子十五歲束髮而笄，表示成年。孫權二十七歲，已經成年。更重要的是：二十七歲的孔子還在為自己的前途奔波，而二十七歲的孫權已經成為江東六郡之主，無需等待三十歲的到來，孫權已經事業有成，儘管這事業並不完全是他的努力所得，相當程度上得歸功於他有一個好父親加上一個好哥哥。

孫權的運氣實在很好，曹操有一個好父親曹嵩，在曹操最初的仕途經歷中，若非父親的庇護，曹操其實很難從險惡的官場脫身，譬如說他曾經處死皇帝最寵愛的宦官蹇碩的叔父，又冒失地上書為企圖誅殺宦官而被殺的前太傅陳蕃等喊冤，如果不是老爹多方掩護，曹操說不定早就死在了帝都洛陽的牢獄中。

三分天下的梟雄之中，劉備幾乎是一無所有，他的父親據說是中山靖王之後，可是在大漢帝國的邊城涿郡，連個一官半職都混不上。劉備甚至都記不清楚他長得什麼樣子，因為他很早便去世了。而孫權不但有一個好父親孫堅，還有一個好哥哥孫策，為他打下江東六郡的大好河山，然後拱手送到他的懷裡。這樣的好事攤到誰的頭上，都足以令人羨慕到極致。

然而好事全都砸到你的頭上，有時也會成為一樁莫大的煩惱。父兄高大的身影遮蔽之下，孫權常常感到自己的渺小。這絕非孫權在自尋煩惱，亂世之中，唯強者馬首是瞻。依靠父兄力量得到江東的孫權，難免遭到群雄的懷疑與小覷，這種懷疑與小覷，甚至潛伏在江東的內部，或許就在孫權的身邊。

曹操的書信便是一個證明，他在信中說道：「近者奉辭伐罪，旄麾南指，劉琮束手。今治水軍八十萬眾，方與將軍會獵於吳。」曹操帶兵打仗在行，寫文章也是把好手。這書信寫得甚妙，劉琮是劉表的兒子，也是個憑藉老父親的家底上位的公子哥，在曹操看來，劉琮與孫權是一類人，如今他率領大軍南下，劉琮已經束手投降，孫權也該如此！所以曹操把這一仗比作打獵，從容隨意、不費吹灰之力。

孫權把書信給張昭和其他部屬們翻看，張昭們都說該降。孫權不語，他知道張昭們嘴上不說，心裡卻在想什麼。

「若是破虜將軍（孫堅）或是討逆將軍（孫策）在，江東或許可以與曹操一決勝負，但是眼下這一位，還是投降比較切合實際！」

孫權不想責怪張昭，人們似乎都這麼認為，甚至孫權自己有時也會懷疑自己究竟是不是這塊料。畢竟他只有二十七歲，接管江東也不過只有八個年頭而已！回想起往事，孫仲謀不覺有一種恍然若夢的感覺：

十年前……

第一卷

兄弟爭鋒

遠處傳來鳥兒的啼聲，這是江東的暮春，暮春三月，江南草長，雜花生樹，群鶯亂飛。天已經漸漸熱了，無盡的蟬鳴與蛙叫聲令這叢林更顯寂靜，孫策望著對方因緊張而僵硬的臉默然無言，只聽見彼此的呼吸聲如此沉重……

——《東吳祕史·小霸王之遇襲》

第一章

小霸王的試煉

父親健在時，我以為他是不倒的英雄，結果他倒下了；於是兄長成了英雄，結果他也倒下了。如果可以選擇，我希望自己不做英雄，我只是一個叫孫權的普通人，孫堅的兒子、孫策的弟弟！

——孫仲謀的獨白

1. 貴人相助

赤壁之戰十年前，即東漢獻帝建安三年、西元一九八年，本書的主角孫權虛歲十七，他是大漢帝國吳郡富春縣人氏，擱在當代，該是高二，不久即將為大考而倍受應試教育的煎熬。然而他卻生活在漢末亂世——一個讓後人很糾結的時代——不知是該慶幸還是不幸，他就是這亂世的一分子。

這些年，他的兄長孫策已經完全平定江東，孫權沾了哥哥的光，先是被推薦做了「孝廉」，接著在十五歲那年當上了陽羨縣的縣長。要知道，曹操直到二十歲，才「舉孝廉」，當上了洛陽縣的北部尉，負責洛陽北區的治安。而未來成為孫權妹夫的劉備，在十五歲那年完全依靠親戚的資助才得以「外出求學」，和公孫瓚一起做了海內大儒盧植的學生。很久以後，才憑藉軍功做上了安喜縣的警察局長（縣尉），那時，他已經奔三了。

建安三年，陽羨縣長孫權接到了哥哥孫策的命令，讓他到吳郡的大本營相會。孫權立刻放下手頭的事務，十萬火急趕到吳郡，才知道哥哥叫他來，是讓他見一個叫做劉琬的北方人。

劉琬的官方身分，乃是帝國朝廷的欽差；但是他又是孫策之父孫堅的老同事、老朋友。

所以私底下，劉琬是以故人的身分，前來看望有出息的孫家姪兒。

劉琬並不是江東迎來的第一個欽差。去年，也就是建安二年，江東迎來了第一位欽差：議郎王浦，他帶來了大漢天子的聖旨，冊命孫策為騎都尉，並且繼承父親孫堅的爵位：烏程侯。

「這是天子對你的嘉勉，亦是司空大人的一番美意。」

王浦所說的司空就是曹操，建安元年秋天，他費盡周折，把落難的天子迎接到了許縣。當時的天下群雄，正忙著搶地盤，幾乎沒有關注這件事。直到曹操為自己冊封了大將軍的頭銜，地位甚至超過了袁紹。這位袁大名士一直以大哥自居、把曹操當小弟看待，如今卻要屈居小弟之下，他不由得雷霆大怒：「曹阿瞞從前落魄的時候，好幾次差點喪命，都是我出手相救。如今他得勢了，居然假借天子的名義對我發號施令？」

這話輾轉傳到曹操耳朵裡，曹小弟明白：袁大哥很不爽，而以當下的實力而言，十個曹操也不是袁紹的對手。曹操害怕了，他向袁紹服軟，讓出了大將軍的位置，自己只做「司空行車騎將軍」。

看上去袁紹勝利了，可是朝廷的實權還在曹操手裡。當上了大將軍的袁紹不可能離開河北根據地來河南的許縣上班，所以在許縣的朝廷裡，畢竟還是曹操說了算。可見袁紹的勝利是虛幻的，曹操的勝利卻是實實在在的。

和專心河北的袁紹相比，曹操的視野是廣闊的，他的主戰場在中原，卻沒有忽略江東。議郎王浦的到來，顯然是他的意思，嘉獎孫策，目的在於拉攏這位江湖新人，讓他為自己所用。

然而孫策卻有些不滿足，他覺得騎都尉的職務有點低，想要一個將軍的頭銜抬高自己的身價。

「伯符的虛榮心是否太強了？」

周瑜笑，諸將之中，唯有他最能領會孫策的心思。他知道，孫策這麼做，可不僅僅是虛榮心作怪，問題的要害在於：孫策本身年齡太小、資歷又淺，如果官位很卑微，統御江東便會很困難。一個將軍的頭銜，雖然不會為孫策增加一兵一卒，卻足以提升孫策在軍中和民間的威望，鞏固他和部下的上下級關係。

王浦是個滑頭的官僚，對自己的處境很拎得清。他立刻改口：「其實聖意尚未宣讀完畢，天子還有一道口諭。」結果，在騎都尉、烏程侯之外，孫策又多了一個代理明漢將軍的頭銜。

王浦剛回去一年不到，劉琬便又來了。朝廷的欽差來得如此殷勤，孫策不免心中嘀咕：

難道是脅迫王浦索討將軍稱號一事敗露，朝廷興師問罪來了？

正是懷著如是忐忑不安的心情，孫策迎接了欽差入城，在明漢將軍府中拜受聖旨。因為預測聖意會對自己不利，孫策甚至做了最壞的打算。

「如果聖意不合，唯有如此如此！」

孫策所說的如此如此，便是殺害欽差，封鎖消息，最後推託說是水土不服而病死。以目前的天下之亂，想來末了也會不了了之。一旦朝廷問罪，便只好舉兵抵抗。

孫策多慮了。劉琬見孫策的第一句話，便是：「吾乃汝父之故人！」這是攀關係的意思。等到宣讀聖旨，孫策就更高興了。原來朝廷不但沒有怪罪的意思，更正式任命他為討逆將軍，冊封為吳侯。

當年孫堅的官位，最高也不過是破虜將軍，前頭還有個「行」字，意為代理，而且並非出自朝廷，而是袁術的表薦。如今孫策的討逆將軍之位卻是朝廷的正式任命。為人子者，最大的孝順便是光大門楣，孫策如此榮耀，想必父親孫堅的英靈，亦得以寬慰。

孫策登時心情舒暢，擺下宴席，殷勤招待劉大欽差。

在宴席之上，劉琬饒有興致地提出要見見孫家的兄弟們，以盡故人之意。他又吹噓說自己頗通相面之術，不若順便看看孫家弟兄的面相如何？

孫策欣然同意。老父孫堅有四個兒子：孫策、孫權、孫翊、孫匡，老二孫權在外做官，兩個弟弟都還小，所以留在大本營。其中老三孫翊雖然年幼，可是聰明伶俐，個性又勇猛剛烈，酷似父親孫堅和大哥孫策，所以最受孫策歡心。

當孫權抵達之後，孫策便讓兄弟三人拜見劉琬，一一面晤。說了一些客套話之後，孫策讓三個弟弟全部退下，迫不及待地問劉琬結局。

「可喜可賀，三昆仲都是一時的英才，可謂人中龍鳳、才秀明達之相，只是……」

劉琬說到這裡，忽然沉吟不語，面有難色。孫策是個急脾氣，接連催促。

「請將軍屏去旁人。」

孫策恍然大悟，下令所有閒雜人等退下，整個廳室裡唯有孫策與劉琬二人而已。

「聖使看看我這三弟的面相如何？」

孫策一開口便問老三，可見對孫翊的關切。可是令劉琬為難的，偏偏就是老三。

「叔弼英氣逼人、果斷幹練，只是英氣外露、個性急躁，恐怕壽數難永。」

孫策很不高興。其實他根本不相信什麼相面之術，之所以讓劉琬為弟弟相面，不過是一時高興，玩玩而已。想不到劉琬這廝故弄玄虛也就罷了，居然還說出這麼不中聽的惡毒話來。孫策強行按住心頭不快，問劉琬：「難道我的三個兄弟都是短命鬼不成？」

「那倒也不是。」劉琬似乎並非覺察到孫策的怒意，他依舊沉浸在對孫家兄弟面相的回憶解讀之中。

「有一位的面相倒是福相……」

孫策想莫非是小弟孫匡，看來劉大欽差是在給自己找臺階、想著說好話了。所謂相術，無非察顏觀色、巧言逢源而已。想到這裡，孫策鄙夷地一笑。

劉琬在心中嘆息：人總是妄下論斷，然而世事無常，誰又能說得清。所謂相面之術，也不過是一種揣摩臆斷而已。就拿方才的老三來說，他的面相其實和老大孫策頗有相合之處，顯露出剛強鬥狠、果毅勇猛的氣質，大體上可以歸於陽剛過盛之列，可是也正因為此，恐怕不能長壽。

當然這種話是不中聽的，劉琬不是傻子。其實他倒是希望孫家的小子當中會有一個穩妥一點的面相，無需大富大貴，只要能延續孫氏的命脈，這便是亂世之福、孫堅之福！

懷著這樣的心思，劉琬把目光投向了另兩位。令他意想不到的是，三兄弟之中，居然隱藏著萬人亦難覓其一的驚人之相。

先說他的身材，乃是所謂「長上短下」，也就是說他的上半身要比下半身長得多，漢人的習俗是主人席地而坐，而僕人站立在一邊侍候。上半身較長的人席地而坐之時，當然會比一般人高出一頭，這便是所謂的「長上短下，高人一等。」這在相術而言，是大貴之相【《山陽公載記》記載了劉備之論，可為佐證：「孫車騎長上短下，其難為下，吾不可以再見之。」】。

再看他這五官，實在叫人驚異。國字臉、方下巴，給予人堅毅、剛強的深刻印象；而略顯碧色的眼珠子更令人稱奇，炯炯有神的目光，好似眼中有火，十六七的年紀，已經有少許鬚髯，而這鬚髯又微微發散出紫色的光澤。

劉琬倒吸一口冷氣，「方頤大口，碧眼紫髯」這絕非普通人的相貌，方頤則骨骼堅強，紫髯則血氣旺盛，這些都是長壽的跡象；「目有精光」，符合「眼中有神者貴」的道理，「長上短下」更說明此人將來不會甘心做下屬。人世之間，有大富大貴而短命者，有長壽而貧困終身者，既富貴且長壽，這可真是難得的福相。

這是誰呢？

劉琬從容地告訴孫策，他的三個兄弟之中，唯有此人「形貌奇偉、骨體不恆，有大貴之表，年又最壽！」

孫策微笑著問劉琬：「此何人也？」

劉琬淡定地吐出一句話：此人便是將軍您的中弟孝廉。

孫策一驚，是他？

玩了半天，這實在是個大大的意外收穫。一時之間，孫策以為這是一個惡作劇，誠然如此，那麼這個惡作劇太成功了，他孫伯符確實被整到了。可是他仔細看劉琬的表情，發現這絕不是什麼惡作劇。

他不是在開玩笑？如此說來，在我的兄弟之中，仲謀居然是最可依靠之人麼！

2. 孫權的煩惱

那時，後世奉為「人間天堂」的杭州還未誕生，唯有一座叫做錢唐的小城，就連那「淡妝濃抹總相宜」的西子湖，當時也還是一個鮮有人知的湖泊，名曰錢唐湖。

西子已經是遙遠的傳說。不過二十年前，錢唐卻又出現了一個美人，她姓吳，本是吳縣人，隨父母遷居錢唐，因為父母早逝，只能與弟弟吳景相依為命。雖然如此，她的美名卻很快傳遍小小的錢唐城。如此書香門第的大家閨秀、才貌雙全的花樣女子，自然有很多名門子弟聞香追逐，爭相登門求親。

在諸多求親者中，便有富春人孫堅的身影。媒人說這是個不一般的小夥子，出生之前，孫家的祖墳裡出現了光怪陸離的異象，有一股五色雲氣，裊裊升起，一直上升到天空，蔓延數里遠近。富春方圓百里的人都去觀望，有見識的父老們都說：「這事可不一般，孫家大概要出大人物了。」

媒人又說，孫堅十七歲那年，跟著父親一起坐船來錢唐，半路上遇到了海盜搶掠商人財物，在岸上分贓。一般人見了此情此景，都嚇得渾身哆嗦、止步不前，孫堅卻不慌不忙，看了情形，告訴父親說：「此賊可擊，請討之。」

父親急了，這傻孩子，官府都管不了，你瞎胡鬧什麼？孫堅不管老爹，提刀大步跳下船隻，這就上了岸，他一邊走，一邊東西揮舞手臂，好似有千軍萬馬，正在包抄圍捕似的。

海盜們遠遠看見，大吃一驚，他們想一般的小青年絕不敢來招惹海盜，莫非真的是官軍到了，已經把這裡包圍了。當下盜賊們驚慌失措，扔掉財貨，四散奔逃。有個倒楣蛋慢了一步，被孫堅一刀劈成了兩半。

這件事後來上報官府，孫堅被官府特別提拔做了代理縣尉，負責一縣的治安（相當於今日的警察局長）。

媒人說這樣的一件事大概是想說明孫堅的與眾不同，這樣好的小夥子，哪裡去找？可是吳氏的親戚們卻從中聽出了孫堅的缺點，雖然有點膽識，可是太欠穩重，脾氣急而暴躁，作為將軍固然不錯，嫁人可不能嫁這樣的！於是，吳家打算以孫堅輕狡不可依託這個理由拒絕這門婚事，但是話未出口，好事者已經把這消息捅給了孫堅，孫堅感覺很受傷：「你們都以為我配不上她麼？」

很快流言傳開了，說孫堅惱羞成怒，要對吳家下毒手。有好心的人告誡吳家：「快跑吧，孫堅那小子可不好惹！」

一家人驚慌失措，倒是吳小姐從容自若，她對親戚們說：「何必為了我連累一家人呢？人各有天命，假如遇人不淑，也是我的命運不好罷了。」

其實流言畢竟只是流言，孫堅雖然性子很急，且為情所困，但也不至於作出王老五搶親的勾當。吳小姐嫁給孫堅之後，夫妻情感極為融洽，孫堅極聽夫人的話，即便有時心理不順，忍不住發急怒喝咆哮，夫人出來，慢條斯理說幾句話，就那麼溫柔細語，便將一頭咆哮猛獅降服下來。

孫權常想：父親一生自傲，旁人的話，很難入耳，就是同僚、上司，也常拿他沒有辦法，可以說是剛愎自用，可是為什麼父親就那麼聽母親的話呢？後來讀書，在《道德經》裡讀到一句：「靜勝躁，寒勝熱，清靜為天下正。」孫權頓時有大徹大悟的感覺，原來當年母親與父親，正是以靜勝躁！

吳氏為孫堅生了四個兒子、一個女兒，孫權是老二。父親常說：「幾個孩子當中，老大最像我，老三也有點像。就連丫頭的脾氣也遂我。只有老二像他媽！」

不知道是不是這個緣故，孫權常得母親的偏愛，一般人常溺愛小兒子，譬如劉表的夫人蔡氏就偏愛小兒子劉琮，搞得哥哥劉琦很不安。可是吳氏卻喜愛老二孫權超過喜愛么兒孫匡。

可是在父親和兄長那裡，情況就不太一樣了。孫堅是個美男子，孫策長得像父親，也是個帥哥，孫翊也不差，然而孫權卻生得有些怪怪的，大家都叫他「碧眼兒」，那意思跟怪物差不多。

樣貌倒在其次，關鍵是性格。父親的急性子且強勢，幾乎都被大哥孫策繼承，而老三孫翊，也頗有將門虎子的風采。可是孫家的二小子——孫權呢？大概是父兄太強勢的緣故，他的性格有點內向，不大愛說話。也難怪，父兄說話的時候，他也的確只有說：「是」的機會。

這樣以來，父親也不甚看重他，因為孫權上面有個和孫堅一樣強悍的哥哥，父親也不擔心後繼無人。

「長子如山，伯符，老爹出征的時候，你便是家中的山，像老二那樣的，以後就要依靠你了。」

這話也入了孫權的耳，雖然不太明白究竟是什麼意思，但也知道父親總歸對自己不是很滿意，心裡有點悶悶的。這樣一來，他就更加沉默了。

沉默的孫權也不光是沉默，他喜歡讀書。經史子集，他最愛讀史，太史公的《史記》、班固的《漢書》，他讀得爛熟，尤其是項、劉角逐天下的故事，他津津樂道。

孫權也讀兵書，《孫》、《吳》、《司馬法》、《六韜》、《尉繚子》等等，他手不釋卷。以至於兄弟們嘲笑他：「看那些竹簡就能退敵麼？」尤其是弟弟孫翊，老逗引他：「哥，來比試比試身手如何，刀槍劍戟隨你挑一樣，我赤手空拳。」

每逢那時，孫權便紅了臉，弟弟孫翊年紀雖小，卻有一副好身手，力大無窮，更兼身體靈活敏捷，孫權每每和他過招，譬如以木劍相刺，最後都以弟弟輕鬆獲勝而告終。

這時，父親孫堅便會踱步出來，摸摸孫翊的小腦袋，目光裡滿是讚賞。孫權則很慚愧地杵在原地，聽父親或是兄長的訓斥。

「仲謀，莫要學趙括紙上談兵！」

孫權讀過《太史公書》，知道趙括是誰，他的內心更加慚愧，可是也很無奈。同樣一把木劍，在自己手裡，就是不如孫翊手裡那麼好使。

為什麼呢？

幾天後，欽差劉琬完成使命，回許都而去。孫權思量自己也該回自己的陽羨縣，繼續當他的縣長。可是大哥孫策卻不讓他回去。

「仲謀，你今年多大了？」

大哥突然發問，正在發呆的孫權幾乎沒有反應，好半天才嘟囔著回答說他已經十七了。孫策大笑說，好啊，再過兩三年，就該行冠禮了！不過窮人的孩子早當家，你知道大哥十七歲的時候在做什麼嗎？

孫權默默地思考，父親孫堅在峴山陣亡那年，大哥孫策剛好十七（虛歲），聽聞噩耗，他沒有滴一滴眼淚。

「父親說過，身為大將，馬革裹屍，乃是人生幸事！」

所謂馬革裹屍，出自本朝名將馬伏波將軍，他曾言：「男兒當死於邊野，以馬革裹屍還葬耳，何能臥床上在兒女子手中邪？」孫堅生前，對這位南征北戰的老將極為崇敬膜拜。

於是大哥孫策把母親和弟妹們安頓在了舒城，委託他的好朋友周瑜好生照顧。他自己則選擇了倔強地獨行，他先是將父親的靈柩從荊州運回，葬於曲阿（今江蘇丹陽）。然後去投奔舅舅丹楊太守吳景，結果舅舅勸他們去投奔袁術。

舅舅的理由很充足，要為父親報仇，就必須依靠強大的力量。當時在江淮之間，最強大的力量，非袁術莫屬！舅舅讓他們投奔袁術，還有一個理由，那就是孫堅本身就與袁術關係密切，有事實上的部屬關係。當年孫堅之所以攻打荊州的劉表，就是奉了袁術的命令。從道義上講，孫堅為袁術作戰而死，袁術就有義務撫卹他的遺孤。

於是孫策來到袁術帳下，他的少年英姿令袁術大為驚訝，以至於發出這樣的驚嘆：「假使袁術有個兒子能像孫郎這樣，就是死了也甘心啊！」話雖如此，袁術卻對孫策甚為忌憚。他本來允諾任用孫策為九江太守，可是在攻下九江之後，卻用丹陽人陳紀。廬江一役，又許願說：「前錯用陳紀，每恨本意不遂。今若得康，廬江真卿有也」。可是城破之後，還是毀約用了他的老部下劉勳做太守。

從滿懷希望到失望，從失望到絕望，孫策終於對沒譜的袁術揮手而去，他的目標是江東。江東隸屬於揚州，當時的揚州刺史是太史慈的老鄉劉繇，揚州過去的治所是壽春，他本該去壽春上班，可是壽春被袁術霸占了不讓，劉繇只好去江東另立州政府。孫策的舅父吳景和堂兄孫賁本可以協助他，偏偏劉繇又不信任孫家，認為孫、袁兩家關係親密，搞不好會聯手吞併自己。於是劉繇發兵攻打吳景、孫賁，兩股勢力在江東相持不下。

孫策對袁術說：「我的老家就在江東，孫家在家鄉頗有恩義威望，如今兩軍相持，我願意回江東協助舅舅討伐劉繇。」他又說，「事成之後，我可以在江東招募三萬子弟兵，協助主公您平定天下。」

這句話打動了袁術，雖然他明明知道孫策對自己不滿，方才所言未必是真心話。可是袁術也不怕，他知道江東情勢複雜、勢力交錯，區區一個孫郎小孩子，又能做得了什麼呢？

於是袁術給了孫策一個折衝校尉的頭銜，允許他帶領父親舊部和數百門客回歸東土。這一放便是縱虎歸山放龍入海，孫策沿途行進，一路上投奔他的人絡繹不絕。等到抵達歷陽（今安徽和縣），隊伍已經擴大到五、六千人。周瑜的叔叔周尚在丹陽當太守，派周瑜帶兵迎接孫策，資助糧餉。

「大事成矣！」

孫策即刻渡江，以閃電戰的速度突擊，一時「所向皆破，莫敢當其鋒」，劉繇、薛禮、笮融，聞風而破。孫策軍紀嚴明，對百姓秋毫無犯，更得江東人心，百姓爭著用牛、酒犒勞部隊。歸附者由四面八方雲集風湧，不多時，孫策軍團又增加兩萬多生力軍，江東群雄如嚴白虎之流更是難擋其鋒芒。

建安元年，孫策二十二歲，已經拿下吳郡的他引兵渡過浙江，直逼會稽。大破太守王朗，王朗先是投往福建避難，後來看看無路可走，只能交出會稽太守的大印投降。

區區數年時間，大哥以微薄的力量，居然能掃蕩群雄，一舉平定江東。這在當時的亂世割據戰中，實在是個奇蹟。要知道袁紹掃平河北、曹操平定中原，都費了九牛二虎之力。孫策的成功，太迅速、太讓人羨慕。難怪曹操發出了如此的感嘆：「猘兒（小瘋狗，喻指勇猛的少年）難與爭鋒也！」

大哥的威風，顯然是弟弟們不能比擬的。但是大哥現在說這些話，顯然不是為了在弟弟面前炫耀自己，大哥不是那樣的人。孫權想：大哥莫非是想對我說什麼？

孫權猜得沒錯，孫策的確有話要說。他告訴孫權，江東已經粗定，可是我們的視野，可不僅僅是江東而已。

大江的對岸，便是江淮，那本是袁術的地盤。可是袁術這傢伙居然痴心妄想帝王夢，興平二年的冬天，他聽說天子在曹陽遭了大難，下落不明，便集結臣子，商議稱帝。就在這淮南當起了草頭天子、仲氏皇帝，過起了奢侈糜爛的帝王生活。

其實這亂世之中，取代大漢天子的想法，不是袁術一人所想。之前的董卓、之後的袁紹，都有這賊心。可是到末了都不敢實施，為什麼呢？時機尚未成熟唄！結果袁術這冒失鬼成了捱打的出頭鳥，曹操、劉備、呂布連番出擊，打得他七零八落。甚至他一直視為自己人的孫策，也義正詞嚴地與他一刀兩斷。

據說眾叛親離的袁術走投無路，臨亡之際口中乏味，讓廚房給他準備一些蜂蜜甜甜嘴，廚房回答說：「哪裡還有什麼蜂蜜？只有麥屑三十斛。」袁術傷心至極，坐在欙床上嘆息良久，大喊一聲：「想不到袁術居然到了這個地步！」於是嘔血斗餘而死。

袁術一死，江淮便成了俎上魚肉、任人切割。孫策也想分一杯羹吃，而他的目標，就是袁術曾經許諾給他的廬江。

可是這與孫權有什麼關係呢？孫權的職務只是陽羨長而已，難道大哥打算帶他上戰場麼？孫權一念及此，心跳猛然加速。

3. 上繚祕藏

廬江曾是孫策的心痛之地，當年他曾奉孫策之命，圍攻此城。而當時擔任此郡太守之人正是孫堅的老友、江東名士陸康。

陸康是吳郡人，當年他的姪兒做宜春縣令，遭到盜賊圍攻，是孫堅出兵相救，擊退了盜賊。因此兩家結好，沒想到了父親死後，到了孫策這一代，居然成了戰場上的敵人。

與陸康那一戰，整整持續了兩年，孫策才拿下廬江，如今舊地再戰，難道還要再來兩年。孫策自語：

「兩年麼，不？這一次只要兩天！」

建安四年的春天，一名使者來到了廬江，他來自江東，秉承孫策的意願，前來轉達與廬江的友好之意。豐厚的禮物和一封用詞謙卑的書信，更令太守劉勳心花怒放。

「劉公功名遠播，卑職對劉公的仰慕一言難盡，如今彼此隔江相望，可謂友鄰。守望相助，乃是題中之義。」

孫策接著說，上繚的軍隊經常侵襲江東，我兵微將寡，不能遠征。所以請求劉公發兵征服上繚，若能應允，卑職感激不盡。

上繚在江西，是鄱陽湖東岸的一個險要之地。隸屬於豫章郡，可是因為地勢險要、易守難攻，歷任揚州刺史、豫章太守都對他們無可奈何。上繚的家族勢力事實上早已經成了一個與世隔絕護的獨立王國。

正因為與世隔絕，上繚也越發神祕。有一種傳言，說上繚累積了數以千萬計的財富，糧米、金銀以及各種奇珍異寶應有盡有。

老實說，劉勳垂涎上繚的財富，已經不是一天兩天，當初他也曾因為糧食不足問題而苦惱，所以派遣了堂弟劉偕做使者去上繚借糧。上繚的族長們倒是同意了，可是劉勳收到糧食後一看，不但數量不足，而且米的品質也很次，顯然是敷衍了事。

於是劉勳對上繚很不滿意，早就想對上繚下手，可是不敢動。為什麼呢？他怕自己大軍一出，周邊勢力乘機偷襲廬江。到時候上繚沒有到手，老窩反被人抄了，可就大大地不妙！

如今孫策主動要求與劉勳結盟友好，劉勳自然求之不得。他立刻召集軍事會議，決定對上繚用兵。

這世界上，任何地方都不缺明白人。劉勳雖然利令智昏，可是他的部下還算頭腦清醒，有一個叫劉曄的謀士反對出兵，他的理由是：「上繚雖小，城堅池深，攻難守易，不是十天半個月可以拿下的。到時候大軍僵持在外，後方空虛，孫策必然偷襲，後方兵少，很難守得住。屆時將軍您將陷入進屈於敵、退無所歸的尷尬境地。」

其實這也是劉勳所擔憂的，孫策這個盟友究竟靠不靠得住，他心裡也沒譜。

可是就在這一天得到了情報，孫策的大軍已經向西挺進，攻打江夏的黃祖去了。當年孫堅討伐荊州，在峴山中了敵軍埋伏而遇害，黃祖正是主要策劃者。看來，孫策這是為老父報仇去了。

劉勳得了這個情報，不由得撫掌而笑，真是天助我也。孫策既然與黃祖交上火，一時半會就停不了。就算他想停火，回兵偷襲廬江，黃祖也不會罷休。我終於可以放心大膽地出兵了。

這年的十一月，劉勳懷著到上繚收稻子、撿元寶的豐收心態，帶著他的人馬離開廬江郡首府皖城（今安徽潛山），一路南下。

劉勳所不知的是，孫策早已經派人將他出兵的消息通知上繚，上繚的宗族首領大驚：「我等與廬江素無過節，還曾經資助他不少糧草，為何恩將仇報？」

孫策的使臣說：「劉勳貪得無厭，兼併了袁術舊部之後，自以為兵強馬壯，有意擴張領土，他知道上繚富饒，所以打算先拿下上繚，以上繚的糧米金銀作為擴張的資本。」一席話說得宗族首領們不得不信，對孫策的友情通告感激不已。

這邊宗帥們積極備戰，那邊劉勳興沖沖地跋山涉水而來，他的眼前，似乎已經看到上繚城中堆積如山的稻米、金銀，即將全部納入自己的囊中。

「將軍莫要忘了，孫策可在我們的後方虎視眈眈。」機敏的劉曄仍未放棄，努力地作最後一次勸諫。

劉勳哈哈大笑，搖著手中的情報告訴劉曄：「孫策的軍團，此刻正在長江之上，逆流而上，他的目標乃是江夏的黃祖！」

劉曄手中沒有情報可搖，他搖的是自家的腦袋：「恐怕孫策討伐黃祖只是虛晃一槍，一旦我軍進入上繚山區，他們就會調轉槍頭，強行軍襲擊廬江。」

劉勳似乎胸有成竹：「倘若孫策真有此打算，我亦無所憂慮。因為黃祖的艦隊必將追隨其後，而我廬江留守之軍人也將固守城池，到時候孫策將陷入腹背受敵的窘境。到那時，我揮師北上，孫策將斃命於廬江城下。」

劉曄唯有苦笑而已。

數日後，大軍進入上繚地域，上繚的宗族武裝陸續出戰，然而他們似乎並未能形成統一的抵抗，而是數百成千，零散地游擊騷擾，充其量只能延緩而不能阻止劉勳大軍的程序。劉勳愈發得意，想到勝利唾手可得，他忍不住在馬上大笑出聲。

然而當他進抵上繚城下之時，卻發現了令人困惑的跡象。上繚城頭雖然軍旗招展，卻看不到一個守城軍士。甚至城門也是虛掩而已，當劉勳的軍士推門而入，城中的景象更令人驚愕，昔日富庶繁華的上繚城居然雞犬之聲不聞，街頭空無一人。

本以為會遭遇一場艱難的攻防戰，如今卻是如此模樣。劉勳不禁大吃一驚，他按住馬頭，許久也沒有想明白究竟是怎麼一回事？

劉勳的迷惘，正是孫策的良機。正如他所料，上繚得到劉勳入侵的情報之後，自知難以抵擋，於是來了個堅壁清野，將全部部族以及財物遷入山中城堡。劉勳所得之上繚，不過是一座死城、一座空城，得不到一粒米、一文錢、一個人，這一趟他算是白跑了。

建安四年十一月底，劉勳進入上繚空城的同時，孫策的西征大軍兩萬八千人，正在石城附近江面航行。得到情報之後，孫策即刻釋出軍令，將行軍目標從江夏改為廬江。隨即，孫策大軍分兵兩路，孫策與周瑜率領兩萬人直取廬江首府皖城，而另一路人馬八千人之眾則由孫策的堂弟孫賁、孫輔率領，進屯劉勳回兵廬江的必經之路——彭澤。

孫策這一路大軍的參戰將領有：

討逆將軍吳侯領會稽太守孫策

中護軍領江夏太守周瑜

征虜中郎將領桂陽太守呂範

蕩寇中郎將領零陵太守程普

行先登校尉韓當

行武鋒校尉黃蓋

行奉業校尉、陽羨長孫權

別部司馬春谷縣長周泰

別部司馬蔣欽

別部司馬陳武

揚武都尉董襲

臨陣之際，孫策特別將弟弟孫權喊到自己馬前，大聲問他：「仲謀，這是你的初陣，心中何所想？」

其實初次上戰場的孫權難免緊張，可是這樣的時刻，唯有鼓起勇氣以同樣的大聲回答：「躍躍欲試！」

孫策大笑：「不要吹牛，我看你害怕得聲音都發抖了！」

孫策的話引起眾將領的哄堂大笑，孫權紅了臉。孫策不理會他的羞澀，向眾人大聲宣布：「諸位聽好了，這一次廬江之戰，是殺雞，而非屠牛，兩天之後，我等將在廬江城內痛飲慶功酒！」

當年討伐陸康之戰耗費了整整兩年的時日，如今孫策卻說只要兩天，主帥的豪氣與自信，引起將領的陣陣叫好與士卒的士氣高漲：「看來大將是成竹在胸，這一仗很快可以凱旋了！」

廬江的首府本來在舒縣，當年陸康為了抵禦袁術的入侵，遷至皖城。這皖城地勢險要，北靠大山（大別山），南望江水（長江），後人有「萬里長江此封喉，吳楚分疆第一州」之詠嘆。孫策當初攻城兩年，一方面固然因為陸康得人心、守禦齊整，另一方面也是因為這山城的險要。劉勳之所以放心南下，也是因為這個緣故。況且他留在城中的部曲號稱三萬之眾，在人數上也超過了孫策的軍隊。

既然如此，大哥為什麼會如此自信？孫權迷惑不解。

事實上，廬江攻堅的第一天便既不順利，到午後，擔任前鋒的韓當黑著臉進入大將營帳報告說：「再幫我調撥些士兵吧……」

「住口！」

韓當的話被孫策打斷，他神情愕然地望著大將，孫策卻忍不住大笑起來：「義公，不必著急！廬江已經在我手中了！」

韓當更是丈二和尚摸不著頭緒，廬江明明堅不可摧，如何說已在手中？

孫策把一封拆開的書信拋在案上，韓當上前打開一看，恍然大悟，原來廬江城中的重要將領、劉勳的部下汝南人李術已經與本方暗通款曲，定下了響應的時辰，就在今夜。

看到這封書信的人，還有孫權。這時他才明白：這一步內應的棋子，其實早在劉勳南下之前便已經安置完畢，成為兄長智取廬江計畫的重要部分，這也是兄長出征以來悠然自得的原因。

可是孫權心中仍有疑惑，李術此人是否可靠？他是真降、假降？把寶押在這樣一個背叛者的身上，是否太冒險？

孫權把心中的疑慮向兄長傾述，孫策微笑：「你想得倒是不錯。」

「大哥可知李術是何等人物？」

「人物？」孫策說，「李術算不得什麼人物，只是一隻貪婪的狐狸罷了。」

「狐狸可信麼？」

「不可信，但是狐狸自有狐狸的用處！」

4. 狡狐與佳人

再堅固的城池，都擋不住裡應外合。皖縣果然如孫策所料，在兩天內便告陷落。李術打開城門，迎入孫策大軍。

孫策告訴孫權：「入城之後，倘若軍紀散亂，屠戮百姓、侵擾良家，就會失去民心。我想如同當年陸康那樣得廬江之心，就要約束軍人的暴亂之心！」所以他給孫權的軍令是：「巡行城中，申明軍紀，禁止擄掠！」

然而在這軍令之外，孫策還特別吩咐孫權，要去保護一戶人家的安全，這便是橋公之宅。大哥何以如此特別地交代，實在令孫權思索不透。可是慣於服從的他也不問什麼，乖乖地帶了士兵來到橋公之宅。

到了橋府，更令孫權詫異的事情發生了，府前居然已經有士兵守護。孫權立刻嚴厲地責問：「爾等是誰的部下？」待得聽士兵回答說是中護軍領江夏太守周瑜的部下，孫權更是莫名其妙。

究竟橋府有什麼蹊蹺，居然勞動兄長和周公瑾都這樣緊張？孫權不由起了好奇之心，很想進去看個究竟，然而馬聲嘶鳴，居然是孫策和周瑜不約而同地到了，他們相見初是愕然，繼而化為會心地大笑：「公瑾，想不到你對此處念念不忘，這是何故？」

「伯符，彼此彼此，又何必點破呢！」

兩人會意地相視而笑，幾乎是無視孫權的存在。孫權想，得了，自己又OUT了。

幾日後，從彭澤傳來軍報，劉勳果然回兵援救，在彭澤遭遇孫賁、孫輔的伏擊，劉勳被殺個措手不及，潰散奔走而去。

這時，孫策正在廬江城中接見此次戰役中的功臣李術。

「孤該怎麼對待你呢？」

雖然被封為吳侯，但是個性爽朗的孫策很少以王侯自稱，可是在李術面前，他卻很罕見地用「孤」來自稱，這在一旁的孫權聽來，難免有些古怪。

李術謙卑地伏倒在地，口中說道：「能為將軍效勞，是術的榮幸，不敢妄求封賞！」

這時孫策忽然霍然起身，一手按住了劍柄：「你以為孤要封賞你麼，孤是要斬了你！」他大聲喊道：「子烈，把這不忠其主的傢伙拖出去砍了！」

「是！」

隨著一聲答應，身長七尺、面黃睛赤、形容古怪的陳武便衝到了李術身邊，刹那之間，滿屋子的殺氣騰騰。孫權完全被搞蒙了。可是他注意到李術並不慌張，只是拜服在原地，一動不動。

孫策問李術：「你不害怕麼？」

李術依舊低著頭：「李術自知罪大惡極，唯有赴死可以化解。」

孫策頷首：「你不後悔麼？」

李術搖搖頭：「劉勳虐待廬江士民，李術迎納將軍，是棄暗投明，何悔之有？」

在一邊觀察的孫權暗想：這個男人死到臨頭居然照拍馬屁不誤，真是一隻狡猾的老狐狸。這時他也漸漸明白了，孫策未必是要殺他，可能只是嚇唬嚇唬他而已。顯然，李術一開始就料到了這一點，所以處變不驚。

「花言巧語，說到底，背叛劉勳，只是你個人的野心而已！無需多語，拖出去砍了！」陳武一把揪住李術的後頸，如同老鷹抓小雞般把他拎出了大帳。孫權吃了一驚，難道這是真的下手了？

須臾，營帳外傳來一聲慘厲地嚎叫，登時帳內一片寂靜。可是轉眼間，李術又活生生地進來了，向孫策再拜說：「君侯，叛賊李術已經被斬了。」

孫策一臉惡作劇的表情：「那麼你又是誰？」

李術說：「在下是君侯的部屬。」

孫策點點頭：「你是孤的廬江太守李術！」

李術臉上露出難以置信的悲喜交加的神情，伏倒在地上，泣不成聲。

孫策哈哈大笑：「李太守，請記住今日！」

孫權恍然大悟，原來孫策還是要任用在廬江頗有根基的李術做太守，方才那一幕只是為了警告他：勿得再生叛心！只是未免太惡作劇些，想來經歷這一幕的李術，果然會對今日永生難忘吧！然而這麼做，狐狸般狡黠的李術真的會收斂起他的野心麼？

第二天，孫策便自皖縣撤離，他給李術留下了三千人，劉勳的三萬部眾大體上都被遷徙江東，其中有一部分精銳分配給了陳武，成為了孫策帳下的一支特別行動隊。至於流離在皖縣的袁術遺孀子女，也都得到了妥善地安置。這個動作看似微小，卻頗符合道義人心，一時之間，孫策在江淮地區的聲望陡增。

這且不提，孫權倒是在軍中聽到了這樣一種傳聞：

「大將拿下皖縣，其實不是最可喜之事。」

「哦，那究竟什麼才是此行的最可喜之事？」

「呵呵，是女子！」

「什麼樣的女子，居然讓大將如此上心！」

「你沒有聽說橋公的兩個女兒嗎，嘿嘿，可見你是孤陋寡聞了……」

廬江戰役尚未完全結束。劉勳在彭澤戰敗之後，向西求救於孫家的老冤家死對頭黃祖，黃祖派他的兒子黃射帶了水軍五千人與劉勳會合。這支臨時拼湊起來的聯軍便順流而下，在江面上與孫策軍團發生了一場遭遇戰。這一戰，孫策再獲大勝，劉勳——黃射聯軍這一對臨時夫妻只能選擇分手，黃射回家找他的老爹黃祖哭訴，劉勳呢，灰頭土臉地去許縣找他的老朋友曹操，求個一官半職度他的餘生。

在江水綿綿的舟上，孫策宣告：「我將迎娶橋公之長女大喬。」

按常理，婚嫁之事需行「六禮」，即所謂納彩（提親）、問名（問女方名字及生辰）、納吉（卜吉兆、合八字）、納徵（送彩禮）、請期（擇定婚期）、親迎（迎新娘）。可是這是亂世，孫策又是個性灑脫的武將，盔甲猶自披掛在身，還囉嗦什麼虛禮程序！

接著，孫策又說：「想當年初會公瑾，一見如故，征戰至今。他與我年歲相仿，我把他看做自己的弟弟。如今我為他做主，迎娶橋公之次女小喬。」

周瑜從席中起身，向孫策拜謝。眾人眼熱不已，只聽見孫策戲謔地說了句：「橋公二女雖流離，得吾二人作婿，亦足為歡。」

於是大家都起來向二人道賀。孫權自然也該為自己有了一個嫂嫂而高興，可是私底下卻有一種莫名的失落感，他說不清楚是什麼，嫉妒嗎？不應該。羨慕嗎？應該是，可是不盡然。自古美人配英雄，兄長、周公瑾都是英雄，美人大喬、小喬，當與他們相配。而孫權你呢，無非是兄長羽翼下倍受庇護的小弟而已！

惆悵……

然而時局進展之快由不得孫權惆悵，這一年的十二月初八，新婚燕爾的孫策帶著他的水軍進入荊州江面，他的面前是江夏郡的門戶沙羨（武漢附近），這是漢水與江水的交會之處，也是荊州水軍的重鎮所在。黃祖在此處集結了他的所有精銳部隊，準備與孫策決一死戰。

軍情報告不斷報來，最新的一份情報說：荊州牧劉表已經派遣援軍進抵江夏，主將是劉表的姪兒劉虎，副將是南陽人韓晞，援軍人數在五千人左右，兵種為長矛兵。

孫策不屑一顧，這不是救援，這是來送死。發出戰書：三日之後，在江中會戰。

戰事果然如孫策所料，荊州水軍在江東水師面前不堪一擊，當戰事勝負露出端倪，嚇破膽的黃祖拋棄了自己的妻子兒女與部隊，坐一條小船溜之大吉。江東水師一舉捕獲荊州戰船六千艘，包括劉虎、韓晞在內的數萬荊州水軍將士被殺或者溺死，屍浮沙羨江面之上，隨軍參戰的孫權再一次領略戰爭的殘酷。

在戰後的慶功會上，被節節勝利而鼓舞的將領們提出了這樣的建議：「荊州門戶已開，我們應該一鼓作氣拿下江夏，斬下黃祖的首級。然後直搗襄陽、橫掃南郡，完成兼併荊、揚的策略！」

孫策哈哈大笑，他和將領們親密地開著玩笑，對部下在戰鬥中的表現一一讚許，可是孫權敏銳地注意了一點：那就是兄長對將領們直搗江夏的建議根本是不置可否的態度，這種態度的潛臺詞就是他另有目標。

5. 兩虎相鬥

飛鳥盤旋在樹林的上空，獵者從山坡上可以望見遠處的丹徒城。

這裡沒有太高的山，層巒疊翠、連綿不斷的其實只是丘陵而已，然而山與谷、丘與圩、湖與洲的奇妙組合，卻在這裡構成了一個飛禽與走獸雲集的樂土。

「真是一片好獵場啊！」

「就連丹徒城裡的孫郎也常來此地遊玩、射獵呢！」

當地獵人不經意地閒談，引起了旁人的注意。

「你們所說的孫郎難道就是孫策麼？」

「哦！你一定是從江北來的，我們江東人都如此稱呼他！」

「呵呵……」問話者尷尬地用笑聲掩飾，顯然他不願意被人識破自己的身分，「其實我們也是江東人，只是背井離鄉久了，回來不知故鄉事罷了！」

「既然如此，就回鄉安居樂業吧，孫郎已經掃清了江東的群盜，如今中原大亂，聽說江淮之間的士兵都到河裡撈河蚌吃，廣陵甚至人人相食［如《英雄記》記載：興平二年，劉備「軍在廣陵，飢餓困敗，吏士大小自相啖食，窮餓侵逼……」］，慘況可怖！相比之下，我們江東也算是小康之地了。」

「這已經是數年前的事了，如今曹公粗定中原……」

「聽說河北大軍南下，我看是又要大亂了！」

「聽你的口氣，似乎對這位孫郎頗有好感，難道這江東就沒有怨恨孫策之人麼？」

「唉！我等不過是靠天吃飯的老百姓而已……」稍一停頓，這位愛說話的獵人忍不住說，「要說怨恨孫策之人其實也是不少，譬如那些許貢的門客。」

許貢是朝廷委任的吳郡太守，當初因為盜匪雲集，無法到任，只好寄居別處。等到孫策驅逐盤踞吳郡的盜匪嚴白虎等人，許貢才得以上任。

對於這個人，很多將領覺得不可靠，悄悄地提醒孫策：「許貢是朝廷委派，對將軍並不信服，不宜重用，最好不要讓他到任。」

孫策不同意：「豈有此理？我的討逆將軍也是朝廷委任的，依你之見，也不可靠？」不管別人說什麼，還是讓許貢上任，許貢見孫策對他如此信任，也表現出十分感動的樣子，感激涕零、這才就任吳郡太守之職。

然而不久那一天看到了一份書信，卻讓孫策對許貢的信任之情登時化作極度的厭惡與憤怒！

孫策的人查獲了一封寫給朝廷的密函，函文倒是不長，寥寥幾句，但是很震撼人眼：

「孫策驍雄，與項籍相似，宜加貴寵，召還京邑。若被詔不得不還，若放於外必作世患。」

這其實是一份奏章，上疏者是吳郡太守許貢，他在奏章中將孫策與當年雄起江東的西楚霸王項羽相提並論，警告朝廷：如果放任他坐大，必將危害大漢帝國的穩定。許貢建議朝廷，立刻召孫策入京，做一個高貴而無兵權的高官，這樣便可防範於未然，否則必為後患云云。

事情到了這個地步，唯有殺無赦！但是許貢雖然死了，他的許多門客卻流散各地，對孫策懷恨在心。孫策曾經派兵搜捕，但是一無所獲，時間長了，也就不了了之。

「有流言說，許貢的門客並未逃走，而是潛伏在了荒山野嶺，等待復仇的雷霆一擊呢！」

「呵呵，這倒是一個有趣的故事，許貢的門客……」

說完這些話，這些自稱為「歸鄉旅人」的奇怪男子便上馬離去，須臾之間已經消失在獵人的視野遠端。

「他們不會就是許貢的門客吧！」

「嘿嘿，那也說不準！」

春分後十五日，斗指乙，則清明風至。這是建安五年農曆三月的丹徒城。清明之前是寒食，漢人素有寒食禁火生食的習俗，到了清明這一天，便燃起新火，以迎接春回大地、氣象萬新。

「這便是今年的新火！諸位對於此物可有什麼高見麼？」

火盆前聚著四個人，挺拔俊朗的青年人便是孫策，老成儒雅的中年人是長史張昭，虎背熊腰的兩員武將則是宿將程普、韓當。

「舊火滅、新火生乃是天地之常理！」老資格的程普首先發言，「聽說河北大軍已經出動，曹孟德集結重兵於官渡，如此看來，這件事可以做出決斷了！」

雖然以火為題，可是說的卻是軍事，可見孫策是以新火來預示亂世的新格局。

然而張昭卻輕輕地笑著，似乎並不以為然：「據傳河北的先鋒大將顏良已經包圍白馬，白馬屢次向官渡的曹操求救，然而曹操卻不為所動，韓將軍以為這是為何？」

「呵呵，想來曹操是害怕了。」

張昭搖頭：「他這是在等待時機成熟。」

「莫非張長史反對我軍北襲？」

「兵者國之大事、存亡之道，不可不察！竊以為伯符不妨按兵不動，等待時機成熟。」

「那你倒是說何時才算時機成熟？」

「兩虎相鬥，大者傷，小者死，卞莊子刺之，一舉而得兩虎。」

孫策點點頭，程普則不悅地看著面前的火。論上馬殺敵，張昭不如他；可是論引經據典，程普根本不是張昭的對手。此時張昭說的是春秋時魯國的一個故事，卞莊子是當時有名的勇士，他看到兩隻老虎打架，擼起袖子就要上前打虎，有人勸他稍等片刻，不多時兩隻老虎打得一死一傷，卞莊子大步上前，輕鬆地打死了受傷的老虎，帶著兩隻死虎回家。

張昭這是以兩虎比喻北方的袁紹和曹操，如今大戰只是剛剛拉開序幕而已，曹操的陣腳守得很嚴實，袁紹的士氣也很旺盛，這時候孫策貿然出兵北伐，必然遭到曹操軍的強烈反撲，即便取勝，也只是讓袁紹得利。倒不如再忍耐一些時日，等到袁、曹相持不下、精疲力竭之時再發兵突擊，孫策便可以像卞莊子一樣、一舉而得兩虎。

「可是江北的曹軍並非對我方的行動毫無察覺，在下擔心時間拖得太久有洩漏軍情之虞。」這時韓當插了一句，程普立刻表示有同感。

「好了，就說到這裡，張長史思慮周密，程、韓兩位將軍所言也頗有見地。」孫策說到這裡幾乎是給激進派和保守派都給予了褒獎，然而接下來的話才是重點，「無論如何，目前的首要任務是運送糧秣。」

這一年中孫策討伐了江夏的黃祖，又與江北的陳登屢有摩擦。戰事不斷，糧秣便有些供應不濟。孫策如今之所以屯駐於丹徒，就是等待下一批糧秣的到來。

負責補給的大將是吳郡太守朱治，孫策不久前又差遣了兄弟孫權去催糧。在孫策的預算中，這幾日孫權該到了。

那麼糧秣到達之後如何，孫策卻沒有明確表示。是繼續等待還是閃電出擊？張昭和程普等人暗自較勁，在為下一次軍議而蓄力。

「伯符一定會聽從我的建議。」每個人都這麼想。

6. 未展之翼

「人生在亂世真是不幸啊！」

孫權奉兄長孫策之命回吳郡催糧，然而負責供給糧秣的吳郡太守朱治卻嘮叨個沒完。

所謂吳郡即後世蘇南、浙北之地，宋人有「蘇湖熟，天下足」的諺語，據言當時蘇州七縣以全宋百分之一的耕地，產出了全宋百分之十一的賦稅和四分之一的糧餉。可謂魚米之鄉、富甲天下。然而膏腴之地不是一天煉成的，當東漢末年之時，吳郡還是所謂地廣人稀、火耕水耨的落後之地，史稱雖無「無凍餓之人」，卻也「無千金之家」，實在不是一個發達的地方。

「孝廉可曾聽說過人肉脯一說……」朱治的一句話令孫權毛骨悚然。

朱治說的是當初曹操崛起之初，他所在的兗州因為連年戰亂加上蝗災，糧食短缺，穀米賣到谷一斛五十餘萬錢，人人相食。就連素以賢明著稱的東阿縣令程昱，在他所運送給曹操的三日軍糧中，居然也夾雜了不少人肉脯。

事實上江東的情況也好不了哪裡去，從孫策東渡以後，更是戰事不斷，幾年前掃平江東、近年來則是討伐袁術、西征黃祖，內部又與大小軍閥以及山越人作戰不斷，百姓無法安心耕田，許多田地因此荒蕪，朱治縱然有三頭六臂，也很難為孫策徵集到足夠的軍糧。

「難道朱太守暗示要以人肉脯應付兄長麼？」一念至此，孫權便坐立不安。他才十九歲而已，還沒有修煉成梟雄的鐵石心腸。

「嘿嘿，還不至於如此，不過已經命人去江湖下網捕撈，弄點魚肉乾給大將還是可以的。」朱治話鋒一轉，「本太守只是擔心，大將會不會因為糧秣不足而討伐在下！」

朱治說完哈哈大笑，孫權有些莫名其妙：「豈有為了糧秣而討伐太守之事，府君說笑了！」

「原來孝廉不知數年前因借糧而起的廬江之戰。」

當年孫策還在袁術帳下打拚之時，袁術所占據的淮南遭遇饑荒，糧秣嚴重不足，甚至撈取河蚌充當軍糧。而鄰近的廬江，卻在太守陸康的治理之下，百姓安樂、生活富足，袁術不禁眼熱，派使者向陸康借糧米三萬斛（說是借，可是不還，其實就是勒索）。

陸康回答說：「我聽說袁公路有叛逆之心，我怎麼能從百姓口中奪取他們的糧食，給一個亂臣賊子！」

惱羞成怒的袁術派兵攻打廬江，擔任主將者正是孫策。

戰爭持續了差不多兩年，七十高齡的陸康勞累過度，發病去世。因為圍城，陸氏宗族一百多口，在饑荒和戰亂中死者將半。

廬江終於淪陷，袁術如願以償，但是孫策因此卻與陸家結怨。而陸家正是江東的土著大族，與很多家族都有聯姻關係。與陸家結怨，等於得罪了整個江東本土士大夫。

所以一直以來孫策的帳下，只是周瑜、張昭、太史慈、程普這樣的外來人而已。朱治的前任、吳郡太守許貢正是看到了這種對立情緒，所以才選擇了背叛孫策。

朱治是丹楊故鄣（今浙江安吉）人，也屬於江東本土人氏，可是丹楊朱家的影響力太小了，即便朱治百般遊說，出來為孫策效勞的江東本土士族還是不多。

而孫策粗暴的個性，又令他以同樣粗暴的手法對待不服氣的江東人。一年之間，他兩次出手，不顧眾人的請願，殺了吳郡名人高岱和深受吳人膜拜的「仙人」于吉，令高岱與于吉的擁戴者極為不滿。

在孫策如旋風般橫掃江東的漂亮表現之下，掩蓋著江東土著未曾心服的事實。而孫策卻雄心勃勃地策劃著北伐中原，一旦他在中原進展不利，吳人還會默默地忍受強壓麼？

朱治為孫權唸了一句《莊子》：「北冥有魚，其名為鯤。鯤之大，不知其幾千里也。化而為鳥，其名為鵬。鵬之背，不知其幾千里也；怒而飛，其翼若垂天之雲。」

大鵬張開翅膀，飛翔千里，勢不可擋。但是大鵬在起飛之前，有一個「鯤化而為鵬」的過程。在化鵬之前，鯤只是北冥的「魚」，只能游而不能飛。

孫策雖然勇猛，時下還只是「鯤」，需要在北方的海中游得更久一些，才能化而為鵬、怒而飛天！

朱治在案几上一字排開六個空酒杯：「伯符在數年之間，迅速拿下了會稽（浙江）、吳郡（蘇州一帶）、丹楊（南京一帶）、豫章（江西南昌）、廬江（安徽一部）、廬陵（江西中部）六個郡，然而就如這酒杯，杯中無酒、只是枉然！」

「杯中無酒是什麼意思？」

「雖然拿下六郡，可是郡下各縣之廣大內地，並未完全服從。至於山中越人，更是抗拒伯符的號令，自成一部。」

孫權似乎有些明白了，說了這麼多，朱治其實是在勸諫。從這裡也可以看出，雖然孫策竭力掩飾北伐之謀，可是吳中有見識的將領似乎都料到了這件事。可想而知，謀士如雨的曹操智囊團也不會對此木知木覺吧！

自以為是坐看虎鬥的卞莊子，可是那虎說不定已經看穿了你的意圖。那麼，虎會不會先咬你一口呢？

「然而還有更可憂之事……」朱治又拿起一個酒壺，放在酒杯的一側，「這便是江東的左翼，荊州的劉表，本來就是我們的仇敵，這次袁、曹大戰，劉表也是三心二意，倘使我們出兵助袁襲曹，他們會不會乘虛偷襲江東？」

「劉表啊……」

「一旦伯符北伐不利，劉表又乘虛來襲，吳中士族搖搖欲墜，那麼原本效忠於伯符的那些流亡客又會如何？」

朱治說：「你看那屋簷下的鳥雀，當大雨來臨之際，牠們為了躲避大雨，紛紛飛到屋簷下避難，然而這些鳥雀，難道就把屋主當成了自己的主人麼？不！一旦天象變化，他們便會展翅高飛，離開屋簷。」

孫權聽懂了，孫策的部下，多數是為了躲避中原戰亂而來到江東避難的人士，他們和孫策的關係，與其說是君臣，倒不如說是為了躲避大雨暫時到屋簷下棲息的鳥雀。

所謂人在屋簷下，不得不低頭，一旦形勢有變，分崩離散，各奔前程，再自然不過！

說到此時，孫權已經完全理解朱治的意思，江東人心未固，倉促出征，就如同海中的魚妄想高飛，一旦有變，必然如鳥獸般離散，到時候一戰之間，全線瓦解，連個回頭的餘地都沒有。

唯有朱治才能說出這樣的話，他是父親孫堅的老部下，當初在袁術帳下，是他勸孫策放棄對袁術的幻想，東渡江東開創新天地。

「孝廉，身為吳郡太守，我不能擅離職守去丹徒勸諫。就請你代言！」朱治說，「即便是大鵬，也不要在翅膀尚未長硬的時候起飛！」

其實孫權已經完全被朱治打動了。然而兄長的個性，如父親孫堅一樣的堅強而固執，深刻了解這一點的孫權，這一夜在吳郡城中無法入眠。

誰能勸阻大哥貿然出兵，是我麼？

7. 獵人與獵物

快馬奔馳如風，健兒持弓如鷹，這是丹徒，大江的南岸。「林暗草驚風，將軍夜引弓。平明尋白羽，沒在石稜中。」此刻的孫策儼然成了飛將軍的化身，箭矢所指，無論狐、兔、獐、鹿，靡有脫者。

「將軍，今天的收穫足以準備一頓大餐了。」蔣欽拾著獵物，笑得咧不開嘴。孫策的身邊小將中，以蔣欽、周泰最為驍勇，堪稱雙虎，後來孫策將周泰派給了孫權，蔣欽便成了孫策身邊的侍衛隊長。

「公弈，你的眼中只有這些狐、兔、獐、鹿麼，往西、往北看，陳登、劉表、曹操，真才是讓吾心動的獵物！」

孫策的馬此刻已經奔馳到江邊，從這個山頭北望，正是鳥瞰江北的絕佳視角。對岸便是廣陵、彭城、合肥與壽春。

孫策依稀還能記得在壽春的那些日子，袁術是如何地對待自己？自己又是如何金蟬脫殼離開？從內心深處，孫策並不討厭袁術，儘管此人已經因為他的不自量力稱帝而臭名昭彰，但是孫策知道，他並不是天下紛擾群雄中最壞的那個。至少在孫策走投無路之際，是這個人收留了他，把父親的部曲還給了他，代價是那顆傳國玉璽。

母親說那顆傳國玉璽對於不自量的人而言是一件不祥之物，這預言在袁術身上得了驗證。他得了玉璽之後，便開始自命不凡，甚至認為民謠所謂「代漢者當塗高」說的就是自己。當塗者，公路也。我的字便是公路，可見我便是取代漢室為皇帝之人！

當時朝廷派太傅馬日磾來壽春，袁術騙馬老太傅說：「把你的節給我看看，看完便還，絕不耍賴！」馬太傅信以為真，真的把節給他看，誰料這一借，便沒有還的時候，袁術還死皮賴臉要馬太傅推戴他做天子。德高望重的馬太傅就這麼活活地被氣死在了壽春。

孫策記得馬太傅很欣賞自己，特別禮闢，任命他做懷義校尉。孫策知道其實袁術也很欣賞自己，他常說：「使術有子如孫郎，死復何恨！」話雖如此，袁術卻始終不能放手使用孫策，孫策知道，他不是不想用，而是不能用。用人也是一種才能，顯然袁術不具備這種才能。

於是孫策從壽春脫身來到了這江東，一晃五六年過去了，他成了江東的主宰，而對面壽春城裡曾經不可一世的袁術，已經安命於道邊的孤塚。

這便是命運！

然而命運從來就不是天注定，當年的陳勝吳廣便是在江淮之間的土地上喊出了「帝王將相寧有種乎！」的豪言壯語。韓非子云：「上古競於道德，中世逐於智謀，當今爭於氣力！」如今這漢末亂世，正是爭於智謀、氣力的時代。二十多歲的孫策已經雄踞江東六郡，有什麼理由從此止步不前？

天下！

誠然，如今正是角逐天下之機！

不久之前，曹操所委任的揚州刺史嚴象遇害。殺害他的人是廬江太守李術，孫策的人。無論曹操與孫策都心知肚明，這是戰爭的先聲。貌似和睦的曹、孫關係已經在破裂的邊緣。

曹操不想打，尤其在這個時候，他無意為自己增加一個強勁的對手。所以他竭力地避免與孫策的衝突，孫策討伐陳登，他忍了；李術殺害嚴象，他也忍了。他甚至賠著笑臉，張羅兩家的婚事以掩蓋裂縫。曹操幾乎是在委曲求全。

可是孫策想打，這是千載難逢的好機會。

這些日子，周瑜已經從他的駐地巴丘出發，此刻正在前來丹徒的途中。而孫權、張昭督運糧草，也很快歸來。萬事俱備之日，大軍便可開拔，渡江直擊中原！

而北方的探子們，大概以為孫伯符消沉了鬥志，整日在游獵狐兔上尋找樂趣吧！

「嚴白虎的殘餘，早已肅清！這一次作戰的目標，是許都！」孫策判斷：當下正是曹操最艱難的時候、也是突襲許昌的最佳時機！

孫策的判斷，大致不錯。這一次曹操的對手，強大程度遠超過以往的呂布、陶謙、袁術。袁紹擁有河北的冀、青、並、幽四州，以及鮮卑、烏丸、匈奴的服從，總兵力達數十萬之多。南下官渡的，據說是他的精銳部隊，步兵十萬、騎兵一萬，有人說實際上不滿此數，但是即便是最保守的數字，也說袁紹的南征軍在五萬人以上。

而曹操有多少應對兵力呢？據說是不滿一萬人，而且十分之三還是傷病員。這個數字有粉飾的痕跡，是後來的魏國史官為了突出曹操「以少勝多」的偉大成功而刻意縮小的數字。

事實上，曹操自最初的五千人起兵反董卓，到後來的討伐黃巾，將號稱三十萬的黃巾降卒收編為青州軍。討伐呂布，又收編了呂布的餘部張遼等。破袁術，又收編了一部分揚州的軍隊。所以曹操的總兵力，至少也有十萬到二十萬之多。但是曹操的戰線很長，他需要在西方、南方、東方各留下兵力以防備馬騰、劉表、孫策的襲擊，此外，還要安排一部分鎮守許都，這些兵力的配置，最後造成對曹操來說最不利的局面，那就是兵力分散，真正可以開赴官渡的兵力，實在不多，也就兩三萬人而已。

開赴官渡的曹軍，雖然只有幾萬，卻是曹操的嫡系精華部隊，留在後方的，多半是三心二意的降軍，如軍紀很差的青州兵。因為精華都在官渡，所以一旦後方有事，曹操只能以二流乃至三流的部隊應付。就在這一年的秋天，袁紹曾派劉備到許都以南的汝南開闢第二戰場，結果曹操派去應戰的將領居然是無名之輩蔡楊，結果一戰即潰，蔡楊被劉備斬首。無奈之下，曹操只能調曹仁去汝南，擊潰了劉備的襲擾軍團。劉備一敗，曹操立刻把曹仁召回官渡，可見兵力之短缺不足。

蔡楊擋不住劉備，曹操便派來了曹仁。但是對手換成孫策，恐怕曹仁也抵擋不住，曹操又如何應對呢？實際上，一旦孫策北上，曹操根本不能做出有效地反應。強敵在前，猛虎在後，這必然會成為一步死棋。

而一旦孫策北上，形勢大變，動搖中的劉表、馬騰都會改變態度，曹軍內部更有不少人與袁紹暗通款曲的，這下便會由暗而明，將叛變之心化為行動。正如曹操自己在事後所說：「大敵當前，連我自己都不能確信可以保全，何況別人？」

許都城內、官渡軍中，大批的文武官員寫信給袁紹，表態效忠。很難相信，如果孫策兵臨城下，他們會為了曹操而死守。回想六年前，曹操進攻徐州不利，陳宮在後方引呂布入境，一月之間，整個兗州，只有三個縣為曹操堅守。而當時的呂布，不過是一個流寇而已。如今的孫策，卻是擁有廣大地盤、強大兵力的實力派。

寶劍輕易不出鞘，出鞘必飲血，猛虎輕易不下山，下山必噬人。孫策此時的亢奮，可想而知！

想到這裡，孫策更難以抑制胸中的風雲，他雙腿有力地夾了一下馬匹，馬兒歡快地嘶叫而疾馳，片刻已經將蔣欽等侍衛拋在了腦後。

叢林漸密，道路漸窄，泥土上有獸類的足跡，孫策下馬，張開弓，搭上箭，耳中是急促的腳步聲，眼前有人影晃動，孫策大喝：「什麼人？」

一名士卒提著弓箭從樹叢中起身，接著在他的左右身後又出現了兩人，他們的衣甲安全帽表明他們乃是本軍的步卒。

「小的們是先登校尉的部下。」

先登校尉就是韓當，孫策微微皺眉，韓當也是江東的老將了，自從父親孫堅時代便跟隨左右、出生入死。對他，孫策是信得過的。可是這些兵，看上去邋遢得像是山賊水寇……

孫策哈哈大笑說：「韓當的部下，我個個都認得，怎麼從來沒見過你們？」其實孫策這話是唬人的，韓當的部下士卒，差不多有兩千人，孫策怎麼可能個個認得。即便是孫策認識那些老兵，最近各將領都在招募新兵，這些士兵如果說是新兵，所以孫策不認得，這也完全說得過去。

然而這三個士兵卻立刻變了臉色，孫策下意識地握緊了手中的弓，往後退了一步，因為距離太近，誰都無法施射。

遠處傳來鳥兒的啼聲，這是江東的暮春，暮春三月，江南草長，雜花生樹，群鶯亂飛。天已經漸漸熱了，無盡的蟬鳴與蛙叫聲令這叢林更顯寂靜，孫策望著對方因緊張而僵硬的臉默然無言，只聽見彼此的呼吸聲如此沉重！

誰，是誰的獵物？

第二章 接班人的選擇

亂世的人生真是奇妙，每晚入睡之前我都會想到明晨甦醒時的所見會如何不同，可是我不知道這一天的到來竟是如此突然。我從未想過自己可以取代兄長，也不曾覺得兄長如此器重我。

然而在兄長的病榻前，他居然喊出了我的名字。那一刻我落淚了，不僅僅是因為感動，還因為不知所措……

——孫仲謀的獨白

8. 繼承者之爭

糧秣並未及時收齊運抵丹徒，孫權的心中很是惶恐，他害怕兄長的責罵。然而在三月底他收到了加急的軍令。

「速來丹徒議事，急！」

軍令如此簡單，居然對糧秣一事一字不提。孫權不免感到奇怪，可是朱治卻勸他切勿猶豫，立刻動身為好，至於糧秣相信大將自有安排。

因為深知兄長的急脾氣，孫權也不再囉嗦，準備快馬，便與少數隨從向丹徒方向疾馳而去。

吳郡（蘇州）與丹徒相距不過一百六十公里，若是現代人自駕遊，一個半小時便到了，孫權一路換馬疾行，趕在四月初一的夜裡抵達丹徒城。

「糧秣尚未收齊，是否大哥生氣了？」

孫策不在中軍，此時主持軍務的是長史張昭。本來就很嚴肅的他今天看上去表情更加凝重，孫權想當然地以為兄長真地為糧秣一事發怒了：「大軍已是箭在弩上，糧秣卻遲遲不至，仲謀你在吳郡都做了些什麼！」

一旦孫策真的發怒質問，孫權該如何回答？朱治所說的那些話，該不該向兄長轉達？孫權心中盤算，完全沒有發現軍中氣氛的異樣。

張昭退下旁人，對孫權私語說：「出事了。」

孫權猶自不覺，隨口問了一句：「什麼事？」

「大將出事了！」

孫權愕然。

當日之情形大抵如是：孫權出發催糧後，孫策在丹徒駐紮，每日謀劃之餘，他會帶幾個隨從出營狩獵。孫策所乘之馬，是一匹上乘的良駒，他本人性子又急，不多時，已經將那幾個隨從甩在了身後，加上林深叢密，七拐八彎到後來，孫策完全從隨從們的視線中消失。

這樣的情形，隨從們早已習以為常，所以也就沒有當回事。然而隨後便聽見呼喊廝殺之聲，急忙趕去之時，只見孫策倒在地上、面頰中一箭，鮮血淋漓。他的身邊包圍著數人，雖是本方軍人裝束，但顯然懷有敵意，其中一人，彎腰正打算割取孫策的首級。隨從們眼見情勢危急，弓弦齊響，五六隻箭矢同時飛入此人的身體，一名隨從飛身躍身而至，一劍將他握著匕首的手臂斬下。

當場的數名刺客轉身欲逃，也被被隨從們包圍。

「爾等可是嚴白虎的餘黨麼？」

刺客們眼見無法逃脫，拔出匕首說：「我們是先吳郡太守許公的門客，今日在此，正是為主人復仇！」當即自刺而死。

這時隨從們扶起孫策，他傷勢雖重，神志卻尚清醒，手持弓弦不放。從現場的屍體可以想見，當時孫策猝然與這三名刺客遭遇，孫策發現情勢不妙，先發制人，射出一支利箭，箭頭直扎入刺客的咽喉。然此人雖然倒地斃命，同時另兩名刺客卻搭起了弓箭，因為距離不遠，再駑鈍的射手也能射中目標，孫策幾乎無法躲避。

孫策此時，唯有用手中弓弦撥箭，刺客所射出的兩支箭中，第一支被撥飛，落在地上。而另一支則射中孫策面頰，面部的劇痛令他仰面倒下，臉部流血而視線模糊，再也無力抵抗。所幸侍衛恰在此時趕到。

聽著張昭這一番敘述，孫權的手與心皆在顫抖。刺客所說的先吳郡太守許公便是許貢。許貢的死，似乎只是年前的事。他本是朝廷委任的吳郡太守，但是因為無法抗衡嚴白虎的力量，只能依附在揚州刺史劉繇的旗下。按說孫策待他不錯，滅劉繇之後送他上任，可是許貢卻並不領情，暗中與朝廷書信往來。隨著那一封密函落入孫策的手中，徹底撕破了雙方的面皮。

在孫權看來，許貢死有餘辜，然而許貢的門客之中，居然有這樣三個人，潛伏了這麼久，終於等到了機會，為主人復仇。若非他們所殺，乃是自己的兄長，孫權真有點敬佩這三個人。

然而如兄長這樣勇猛無敵的身手，居然會喪命在三個庸人的門客之手，世事之無常，令人實在難以思索。孫權不禁想起父親，從長沙殺到洛陽無敵手的孫堅，令董卓又害怕又羨慕的一代名將，然而，峴山的一張弩、一枝箭，便奪取了他的性命。而如今，三個人、三張弓，便在丹徒的叢林中，射倒了連曹操也嘆服為猘兒難以與之爭鋒的兄長孫策。

難道說，父親的悲劇，將要在兄長身上重演。這可怕的魔咒，又一次降臨孫家！

「帶我去見兄長！」

「且慢，孝廉你且去歇息，再說大將現下也正在靜養，不想見人……」張昭又說，為了穩定軍心，目前軍中封鎖消息，因此中下級軍官和士卒都未曾知曉這件事，目前了解這祕密的，只有孫策本人及夫人大喬、長史張昭以及宿將程普、韓當等少數幾人而已。

張昭囉囉嗦嗦，孫權心中急躁，拱手告退、奔赴後院，與往日不同，後院戒備森嚴，然而侍衛們見是孫孝廉，也不敢過於阻擋。孫權卻因為走得太急，迎面與一人相撞，正是弟弟孫翊。

「哎呀，是你！」

孫翊說：「二哥可是要入內探望大哥？」

「是啊！大哥究竟怎麼樣了？」

「張長史沒有告訴二哥麼？」孫翊說，「大哥需要靜養，二哥還是先去歇息明日再來看望吧。」

「豈有此理？我怎能等到明日…無論如何，我先進去看看再說！」

孫權一把將兄弟推開，正要往裡闖，一個女人的聲音和孩子的啼哭聲在他耳邊響起：「二弟！」

孫權硬生生剎住腳步，說話的是嫂嫂大喬，她的懷抱中，正抱著哇哇大哭的幼子，那便是孫策唯一的兒子孫紹，尚在襁褓之中。

「嫂嫂，我剛回來，大哥的傷勢究竟如何？」

大喬哄住幼子不哭，把他交給一名侍女，轉身面對孫權：「醫師說傷勢雖然不輕，但是也是可以治癒，只要靜養一百天，稍安勿躁，便可以康復！所以特別吩咐三弟在這裡守護，不許任何人進來，以免打擾！」

話說得再明白不過，孫權唯有退下。可是他有些想不通，兄長養傷，不許閒人打擾，可是為什麼連自己也不能進去。兄長的傷勢，到底如何？孫權的心中，唯有一團迷霧，他很想再問問，可是大喬的話語雖然溫婉，卻不容置疑地將他推到旁觀者的境地。孫權回頭看看兄弟孫翊，孫翊哀傷的神情下鬱悶的五官，在他的眼中漸漸扭曲成可笑的現狀，接著又模糊起來……

「二哥，你怎麼倒了？」

孫權依稀聽到孫翊的呼喊聲，他覺得好累、好睏，確實，這一次去吳郡來催糧，幾乎沒有一天休息，急沖沖趕回丹徒，卻又聽到這樣的驚天霹靂。一直以來，喪父的孫權將兄長當做參天的大樹來依靠，而今這課大樹卻毫無徵兆地轟然倒下，孫權覺得自己彷彿一下子成了無遮擋的草木，即將在風暴中傾倒。

大雨如注。

四月初一之夜，一場狂風驟雨襲擊了丹徒的軍營，耳聽著營外滂沱的雨聲與呼嘯的風聲，張昭的心中感慨莫名，即將興兵北伐的孫策居然在大戰前夕遇刺而生命危在旦夕，這實在是造化弄人，然而此刻他無暇嗟嘆人生，因為大軍的前途命運已經面臨最嚴峻的考驗，他必須先將眼前的危局應付過去。

「雖然我等竭力封鎖大將遇刺之消息，可是多日不見大將出來巡營，軍中已經出現流言，人心騷動，委實堪憂！」

「軍中甚至傳言：大將此次狩獵，所遇並非許貢門客，而是當日枉死的于吉道長作祟。否則以大將之身手，又如何會為幾個小賊所困？」

「一派胡言！」

張昭的面前，坐著程普、韓當、黃蓋，這幾個人目前是丹徒軍中最有權威的將領。此外，周公瑾正從巴丘趕來，太史慈則需留在抵禦蠢蠢欲動的劉磐。孫氏宗親方面，孫策的舅舅吳景在丹楊，叔父孫靜遠在會稽，堂兄孫賁在豫章，堂弟孫輔在廬陵，這幾個人都不宜輕動。孫權倒是已經抵達，可是他在軍中的威望顯然不如他的弟弟孫翊。

最敏感也是最沉重的話題便是：一旦孫策傷勢沉重，不癒而終，誰將來主持軍務以及江東政務。

在孫策尚存的時候談起這個話題，實在有些大不敬，可是一旦事情到了那個地步再去討論未免又太晚。張昭身為長史，難以推辭，不得不面對這個問題。於是在此與程普等人密談，可是話到嘴邊，又不知該如何說起。

關鍵在於繼承人問題。當年孫堅以三十七歲馬革裹屍，他的膝下有四個兒子、一個女兒，其中長子孫策已經十七歲了。可是如今孫策不過二十五、六，雖然孫家的生育力旺盛，孫策一邊打仗，一邊生兒育女，陸續生下三個女兒、一個兒子，可是現如今，那個唯一的兒子孫紹尚在襁褓之中，最長的女兒也不過四、五歲。

第一個辦法，是眾人擁立孫紹，群僚輔佐，張昭本人便是最好的輔佐人選，周瑜等皆可。可是這亂世之中，唯強者是瞻。擁著一個幼弱小兒做領袖，恐怕軍心難以穩定，不免人心離散、土崩瓦解！

第二個辦法，便是從孫策的兄弟之中選擇一人繼承，孫策有三個弟弟：其中么弟孫匡太小，又與曹氏結親，顯然不妥當。倒是老三孫翊驍悍果烈，有兄策風，是最佳的繼承人選。而且孫策本人也對這個兄弟格外青睞。

當張昭說出孫翊的名字，程普、韓當也是頻頻點頭，看來此種印象已經是軍中的共識。既然如此，就先請孫翊主持軍務，若孫策傷勢痊癒，萬事大吉；若孫策不幸逝世，孫翊便可接任。

「只是不知將軍本意如何？」

「將軍素來親愛叔弼，想來他的意思也是如此。」

意見趨於一致，張昭稍感輕鬆，營帳外滂沱的豪雨早已漸漸成為淅瀝之細雨，風聲也寂靜下來，程普等人陸續退出張昭的營帳，張昭疲憊地合上眼皮，然而腦中卻無法安憩，由孫翊來繼承江東事業真的妥當麼？主公孫策是否也是這樣想的呢？將來孫紹長大之後又該怎麼辦？

此時的張昭不由深感世事的難以捉摸，即便是一貫以意志堅定而自詡的他，也不免一陣陣地心智動搖。

沒有人提及在後庭昏倒的孫權，大概是他給人的印象太過優柔軟弱了吧！

9. 孫策的抉擇

四月初二的早晨，孫權終於見到了兄長孫策，他的面部用紗布包紮，只露出一雙眼，若非大喬在側，孫權幾乎不能確定床上所躺之人，就是他那英雄的兄長。

「仲謀！」

當孫策呼喚孫權那一刻，孫權一下子振奮起來，這聲音依然豪邁有力，再看他的眼神，也似乎依然炯炯有神，誠然，這便是兄長！孫權想：只是小傷罷了，兄長一定會很快恢復健康，如往昔般縱馬飛馳、英姿颯爽。

似乎情況並沒有想像的那麼糟。醫師看過之後也說，箭傷其實不甚嚴重，所憂之處在於刺客在箭頭上淬了毒藥，滲入骨髓，需以藥力化解。而在按時服用湯藥之外，還要注意需安心靜養，百日之後，毒氣外散，方可無虞。切忌發怒以致毒氣攻心。

可是孫策卻不以為然，他認為自己已經不可救藥，所以他粗暴地拒絕服湯藥，因為醫者告誡說不可惹他生氣，所以也不可強逼，總之是令人頭痛不已。

「為何大哥是如此任性呢？難道大哥打算就在這病榻上結束此生麼？」

「人自有天命，醫者又如何能改變天命，我的身體如何，難道我不自知？」

雖然大喬和孫權、孫翊等人百般勸慰，孫策總是不肯順服。他在榻上時而自怨自艾，時而倔強：「父親當年與黃巾大戰於西華，受傷墮馬，臥於草中。眾將士不知他的所在，以為他已經陣亡。結果他所乘戰馬跑回軍營，咆哮嘶鳴。將士們覺得奇怪，此非孫文臺之座騎乎，在此咆哮是何道理。難道孫文臺尚在人間？於是隨馬找去，終於在一片草叢中發現了父親。父親回到營中，休養了十餘日，傷勢乍一癒合，便又上馬能戰。宛城一戰，他親冒矢石、身先士卒，率先登上城頭，一舉拿下宛城，由此一戰成名！」

時而又夢中囈語：「方今漢祚中微，天下擾攘，英雄俊傑各擁眾營私，未有能扶危濟亂者也。先君與袁氏共破董卓，功業未遂，卒為黃祖所害。策雖暗稚，竊有微志，欲從袁揚州求先君餘兵，就舅氏於丹楊，收合流散，東據吳會，報仇雪恥，為朝廷外籓……」

看見孫權，便對他說：「當日母親夢月入懷而生我，夢日入懷而生汝，父親高興地說，日月者陰陽之精華，極貴之象，吾子孫其興乎！可有這件事？」

孫權回答說：「有是有的，不過記不清楚了，兄長痊癒之後，可回吳郡問母親便是。」

孫策不接他的話茬，只是自言自語：「月，太陰之精也。陰、晴、圓、缺，乃月之本色。我孫策縱橫江東、風捲群雄，這是月圓；大兵將出，為小人所害，這是月缺！」

孫權淚落滿襟，兄長這是糊塗了麼？

孫策不睬他，自顧自又吟唱起來：

今夕何夕兮，搴舟中流。

今日何日兮，得與王子同舟。

蒙羞被好兮，不訾詬恥。

心幾煩而不絕兮，得知王子。

山有木兮木有枝，心悅君兮君不知。

這是流傳於孫氏老家富春一帶的〈越人之歌〉，想來孫策此刻的心中正在激盪往事，從喪父之痛到屈居袁術帳下之辱，從無家可歸到江東之主，眼看有機會與群雄逐鹿中原，卻在丹徒這個小地方莫名其妙地中了毒箭躺在榻上奄奄一息，他的人生不過二十幾年，然而卻經歷了如此悲歡離合、大起大伏，孫策覺得自己就如同一隻展翅翱翔的鷹，突然傷了翅膀，於是一個倒栽蔥、頭下腳上地從碧空中向地面落去！

轟！

孫策眼前一片漆黑，大汗淋漓……

可惡！

「將軍昏倒了！」

「可能是箭毒發了，快傳軍醫！」

大帳中一片混亂。

然而到了四月初三，一度昏迷不醒的孫策忽然之間亢奮起來，他把孫權、孫翊、張昭、程普等一班文武喊到自己榻前，鄭重其事地宣布：「孤之箭傷已無大礙，接下來是該就準備出兵一事有所謀劃了。」

孫權等人大為詫異，難道昨日的毒發將箭毒都散去了麼，大將真的康復了不成？孫權提議讓軍醫再來診斷一番，可是孫策完全不允許：「何必婆婆媽媽，孤又不是馬上要上戰場！」

隨即孫策命程普報告北方戰事，當他聽說袁紹大軍已經進攻白馬之時，迫不及待地發問：「如此一來，曹操想必已經出兵北上援救！」

「沒有，直至目前為止，官渡之曹軍並無北上增援的跡象。」

「曹孟德按兵不動，這是為何？哦，孤明白了，他這是在等待孤遇刺身亡的消息。」

孫權聽迷糊了，刺客不是許貢的門客嗎？

「刺客雖然自稱許貢門客，但是我仔細一想，其實未必，說不定很可能便是曹操所派遣。或許，他正是害怕我有北襲之意，所以來個先下手為強，一旦孤遇刺身故，他便可放心大膽地北上白馬，專心致志地對付袁本初了！」

這些話雖然只是孫策的臆想，並無真憑實據，可是他這麼一說，卻也有模有樣、似乎並非純然虛構。

孫策的計畫是：既然如此，索性就來個將計就計，放出他已經遇刺身亡的假消息，令曹營放鬆警惕，一旦曹操離開官渡向白馬出發，我軍便渡江進擊。

隨即宣布了北伐將領的名單：領江夏太守行建威中郎將周瑜、領桂陽太守行征虜中郎將呂範、領零陵太守行蕩寇中郎將程普、行奉業校尉孫權、行先登校尉韓當、行武鋒校尉黃蓋……

這時的孫策聲音洪亮、精神抖擻，若非臉上的傷勢依舊，真的讓人有一種伯符已經痊癒的錯覺。

「大將真的已經痊癒了麼？」在場各位都是一般的狐疑，孫權向大哥望去，只見大滴汗珠從他額頭滾落，那亢奮的眼神其實空洞無比，孫權忽然明白，這只是迴光返照而已！

「叔弼，把銅鏡拿來！身為大將，在出征之前不可以不整理儀容！」

孫翊遲疑了一下，將銅鏡遞給兄長。孫策動作僵硬地拿鏡子照了照，勉強的笑了笑，可是鏡子裡看不到他的笑容，唯有包紮半邊的傷臉而已。

「還真醜，大喬該嫌棄我了！」孫策似乎是在自言自語。孫權聽了忍不住難過，大哥是江東聞名的美男子，如今卻成了這副模樣！

這時孫策忽然大吼一聲，這吼聲突如其來，孫權等人都被嚇了一跳，接著便是銅鏡落地的聲響。孫權低頭，只見鏡面登時裂成了兩半，宛若一張嘲笑的大嘴。

而隨著這一聲吼，孫策的臉上出現了痛苦的神情，想來是傷口裂開了。孫權想叫醫師進來把傷口包好，卻被兄長搖手阻止。

「臉成了這個樣子，大丈夫還能建功立業嗎？」

孫策憤然用手撕開纏在臉上的紗，他的傷口，如蚯蚓般的疤痕盤踞在俊偉的五官上，孫權看了忍不住落淚。

「人，真是奇怪啊！」孫策說，「我還是我，可是這臉卻好似不是我的臉。」

又在說胡話了！

到了四月初四這一天，孫權再次被喚到大帳。這時張昭等人都已經在場，和清晨時的亢奮相比，這時的大哥孫策看上去疲憊不堪，一字一句儼然從牙縫中擠出，萬般艱難。

「方才已經與張子布說了，孤死之後……」

孫策的聲音愈發低沉，跪在面前的是他的兩個兄弟，再往後是張昭、程普一班文武。孫策說，中原正值亂世，袁紹與曹操這一場大戰，未知誰能勝出。憑藉著吳越的人力、三江的險固地形，足以抗拒入侵，坐觀中原爭霸者的成敗！所以，他囑咐張昭等人，好好地輔佐我的兄弟，守護江東。

「諸位，繼承江東之位者為吾弟……」

在這一瞬間，孫權深深地低下頭去，他猜大哥會把軍政大權交給弟弟孫翊，最近軍中盛傳這流言，令身居老二之位的孫仲謀既困惑又尷尬。可是在這一瞬間，大哥的將逝令他深深感到了自己的軟弱與無助，他想：如果大哥最終選擇了孫翊，那或許是個完全正確的決定，孫仲謀對此毫無怨言！

然而，大哥孫策口中所說的名字，卻是——仲謀！

10. 我不如卿

選擇孫權為自己的接班人，這大概是建安五年最富戲劇性的時刻之一，當孫策宣布這個決定之時，在場之人，莫不大吃一驚！

最失望之人當屬年輕氣盛的孫翊，也許是受了他人或是流言的影響，這幾日以來，孫翊越來越深信大哥會將江東之權位交託給自己，可是如今，他的耳朵裡聽到的分明是仲謀兩個字。

為什麼是他？仲謀是老二，年齡最長，但是，這不是最重要的原因。不錯，大哥自有他的思量。可是究竟為何故？

這邊孫權早已淚眼模糊，心中更為迷惘：為什麼是自己，難道僅僅是因為自己老二的排行？大哥原來如此信賴於他，可是孫權自己揣摩，我能勝任這江東之主麼？

「張長史！」

孫策輕聲呼喚張昭，老成持重的張昭因為完全事出意外，居然沒有聽見孫策的呼喚。直到身邊的程普提醒，老張才恍然大悟，取出朝廷頒發的吳侯印信綬帶，佩戴到孫權的身上。

「仲謀！」孫策似乎看穿了眾人的心思，他有話要說，這話是對著孫權說的，可是也是說給眾人聽的，「不錯，如果是統領江東之眾，角逐天下，在沙場之上決勝負，這是我的長處，卿不如我。可是換而言之，任用賢能、各盡其心，以保江東，這便是你的長處，我不如卿。」

或許是因為一下子說了太多的話，孫策閉上眼睛、額上汗水涔涔，孫權為他輕輕拭汗，周遭一陣寂靜，許久，孫策再也沒有說話，只見嘴唇微微顫動，孫權附耳傾聽。

「昨晚我夢見了老爹，是老爹讓我把位子傳給你的！」

孫權驚愕：「是老爹麼？」

孫策微笑，不過他的笑容已經無法在臉面上表現出來，孫權所見，只是嘴角動了一下而已！

「是啊，老爹說，同樣的錯誤絕不能再重演，只有仲謀可以做到這一點！」

原來如此。因為勇猛而輕躁，孫堅在荊州與劉表的戰事中陷入埋伏，身死峴山；同樣因為勇猛而輕躁，孫策在這樣微妙的局勢之下，帶著幾個人出營游獵，單人一馬，終於陷入刺客的包圍——一個先鋒不顧生死、衝鋒陷陣，人們稱讚他英勇無敵、猛如虎獅，但是一軍之主帥這麼做，只能送給對手一擊成功的機會；同樣，一個統帥不知維護個人的安危，憑藉著自己的武勇，將自己送入冒險的境地，更是愚蠢的行徑，只能為刺客列傳多一個案例而已。

在戰場上，孫策可以大戰太史慈，可以一霎時挾死於糜、喝死樊能，這是一將之勇；在戰場上，孫策也可以轉戰江山，所向皆破，莫敢當其鋒，這是一軍之威！可是在狹窄的叢林中，距離不過一二十公尺，一張弓對三張弓，成敗與生死只在瞬間而已！

孫堅與孫策的悲劇，都與他們的個性相關，所謂性格決定命運，大抵如此！孫策想到，幾個兄弟之中，孫匡年紀還小，孫翊的個性，幾乎與孫堅、孫策如出一轍，如果將大業託付給孫翊，恐怕悲劇又將重演。

至於孫策自己的兒子孫紹，年齡固然幼小，能否由孫權、周瑜、張昭輔佐（如後來孔明輔佐劉禪）？這個想法，孫策不是沒有考慮過，但是現實是這樣的亂世，一個幼主駕馭一個尚未穩固的江東，分崩離析的可能性太大！況且幼主長大之後，與強大的輔臣一旦不能融洽相處，必然產生主派與輔派的內訌，導致江東的毀滅！

唯有孫權，個性上的沉穩加上年齡的優勢，成為駕馭江東的最佳人選！

但是，孫權也有明顯的缺陷，那就是武略上的不足！本來，孫策拿下江東之後，他的目標是進取中原，但是掌舵人換成孫權之後，這個積極的進取攻略便不得不轉化成了消極的保守策略。因為孫權缺乏父兄橫掃中原的勇氣與策略能力，所以孫策對孫權說了這樣的話：「舉江東之眾，決機於兩陳之間，與天下爭衡，卿不如我；舉賢任能，各盡其心，以保江東，我不知卿。」後來的史實也證明，孫權親自指揮的軍事行動，多以失敗告終；東吳企圖越過江淮，染指中原的嘗試，也基本失敗。孫策一言中的，可見他對這個弟弟實在太了解了！

然而對於「保江東」的意思不妨有另一層意思的理解，在孫策的心中，難道不希望把自己一手打下的江東基業傳給自己的兒孫麼？他說孫權是「保江東」的最佳人選，莫非是將孫權設想成了一個「保管者」的角色，也就是說暫時保管江東，等到將來孫紹長大，再把江東還給他。

可是孫策並沒有明確地說出這個意思，也許是他認為，即便說出來，如果將來孫權不遵守，也沒有任何辦法。反而會造成孫紹與孫權叔姪之間的隔閡，乃至仇恨殘殺……

孫策以往在戰場再威風，如今也只是將死之人，對於未來，他有心無力。他的妻——大喬、他的兒孫紹以及三個女兒的命運都是未知數！

可悲的人生，就連孫伯符這樣的旋風都不得不接受命運的捉弄！

11. 若仲謀不任事者，君便自取之

建安五年的四月初四，大概是許多人一生中最難忘的一天。孫權在這一天出乎眾人意料之外地成為了江東之主，而身為江東首席文臣的張昭作為這一日的見證人，更有千般滋味在心頭。

本來，他一直以為孫策會把權位交給三弟孫翊繼承，這兄弟兩無論是外貌、性格都很相似。然而事實卻是孫策偏偏選擇了孫權，這的確令張昭很是驚訝。

張昭想：孫策選擇孫權是不是因為欽差劉琬的預言。聽說劉琬曾對人言：吾觀孫氏兄弟雖各才秀明達，然皆祿祚不終，唯中弟孝廉，形貌奇偉，骨體不恆，有大貴之表，年又最壽……莫非孫策是因為這句話改變了對孫權的看法？

細一想張昭又覺得不太可能，孫策不是一個信命數的人，倔強的個性注定他對所謂天命論的反感。張昭又想到第二個可能，那就是孫策對天下大勢的判斷。誠然孫策曾經有與曹操爭奪天下之心，可是意外遇刺之後，他自知時日無多，已經沒有了當初的豪氣萬丈。

「如果是孫翊繼承，一旦曹氏南下，血氣方剛的孫翊必然會憑著一腔熱血與曹兵來個魚死

網破、玉石俱焚，則孫氏必將難逃族滅的厄運！至於老四孫匡。依仗他與曹氏的關係，想來又會不假思索地選擇歸曹。唯有孫權繼承，個性較為柔軟的他能夠依據時勢而妥當地處理與曹氏的關係，既不會雞蛋碰石頭，也不會毫無原則的投降，這或許就是孔夫子所推崇的中庸之道，而孫權正是三兄弟中最為中庸之人。」

張昭苦思冥想，終於想出這麼一個理由：孫權乃中庸之人，故孫策選擇他作為江東基業的守護者。張昭還想到，可能孫策認為孫權宅心仁厚，相對而言會更愛護姪兒孫紹，甚至在孫紹長大之後，將權位還給孫紹。

「我不過是為大哥的兒子保管江東而已，如今孫紹已然成長為成熟的男子漢，是歸還大權的時候了！」

張昭為自己的想像而激動不已，甚至熱淚盈眶。

就在張昭胡思亂想不已之時，彌留之際的孫策卻召他進帳，說了最後的遺言：「若仲謀不任事者，君便自取之。正復不克捷，緩步西歸，亦無所慮。」

第一句話就很駭人，要是孫權撐不住江東的局面，你就自己來做江東的老大。這是什麼話哉？張昭一聽汗就下來了，難道孫策在懷疑自己有二心不成！

第二句話就更可怕了，如果形勢發展不妙，就放棄江東，緩步西歸？歸何處？張昭是徐州人，孫策的意思是如果你張昭不想當江東的老大，孫權又控制不住江東的形勢，那張昭你也犯不著在一棵樹上吊死，回徐州，投奔曹操，大好前程有的是。真要那樣，我孫策泉下有知，也不會怪你。

孫策到底是不是這意思，張昭心裡還真沒譜。他又不能問，在這種情況之下，張昭明白：唯一正確的做法就是流眼淚、表忠心。

「將軍無需擔憂，孝廉必能不負所托，張昭唯有盡忠效死而後已！」

至於別的，張昭沒想過，也不敢想。這是大實話，自從秦末以來，沒有書生打天下當皇帝的，最大的奢望只是能封侯拜相如此而已，張昭也不例外。

孫策聽了張昭的表白，沒有再說什麼。是夜，這位史上罕見的少年英雄、曹操甚為忌憚的猘兒、江東人心目中的孫郎就此魂歸塵土，享年只有二十六歲。北方的曹操可以安心了，他的背後不再有一把可能會隨時襲擊自己的利刃。這一年四月，曹操終於北上白馬，救援被困的劉延，曹、袁主力正式交火，棲身於曹操軍中的關羽，就在這一戰中殺了河北名將顏良。此時的孫策，大概在冥國的沙場上馳騁廝殺吧！

張昭心想：孫策撒手人寰、接班人孫權又完全懵懂，江東的重擔實際上是落在了自己肩上。這麼一想，張昭便覺自己責任重大，心中又是自豪又是煎熬。自豪的是如今能安定江東者捨我其誰？煎熬的是萬般頭緒從何理起？

大營裡的孫權，沉浸在喪兄之痛而不能自拔、依舊悲傷流淚不止，張昭皺眉又皺眉，這種時候孫權該哭，因為如同父親一樣扶持整個家族的大哥死了，做兄弟應該悲傷、應該痛苦。可是作為一個大將、江東六郡的新主人，現在不是你痛苦流淚的時候！流淚的事，不妨就交給女人去做，男人有男人的事要做！

可是這樣的話誰會去說，這是會得罪人的！年輕的孫權能不能接受，會不會覺得這是一種冒犯？

張昭自覺責無旁貸，於是流淚不止的孫權遭到張夫子毫不客氣的當頭棒喝：「孝廉，此寧哭時邪！」

孫仲謀，這哪裡是痛苦流淚的時候啊？

話雖刺耳，卻是良苦用心的大實話。可是看上去孫權還沒有聽懂，眼中除了淚花之外，更閃現憤怒的眼神。

大哥死了，哭哭都不行麼！

張昭解釋說：「夫為人後者，貴能負荷先軌，克昌堂構，以成勛業也。方今天下鼎沸，群盜滿山，孝廉何得寢伏哀戚，肆匹夫之情哉？」

這話孫權聽懂了，既然大哥把位子傳給了你孫仲謀，你就應該擔起擔子來，如今天下沸騰、戰亂遍野，你孫孝廉怎麼能不顧周邊的危局，躲在房間裡流眼淚呢？

所以，孫權當下所要做之事，就是換上官服，騎上駿馬，巡行軍營，告訴將士們，我便是你們的新將軍、江東的新主人，雖然兄長已死，但是無需驚慌，我足以擔當一切。

張昭不容置疑地喝令侍從給孫權換上官服，十九歲的孫仲謀稚氣難脫，可是到了這個地步，不容你推辭逃脫。張昭將孫權扶上馬，警告他：「孝廉，不要有眼淚！」

雖然此前對孫策的傳位選擇做出了錯誤的判斷（誤以為孫策會傳位給孫翊），但是忠心耿耿的張昭意識到自己沒有猶豫的餘地。既然孫策選擇了孫權而非孫翊，張昭就要面對這個事實，迅速地改弦易張，把輔佐對象鎖定眼前的這個年輕人——孫仲謀。

騎在馬上的孫權腦袋暈乎乎地，感覺自己像是在做夢，相當程度上，他不能接受兄長已經逝去這一事實，他覺得兄長還在身後的內堂裡，他沒有死，只是睡著了而已。

不錯，大將還在！我孫權只是暫時擔當軍中事務而已……

這江東，完全是兄長一手打下的！孫權暗暗打定主意，他將為兄長默默守護這江東，等到兄長的兒子孫紹長大成人，便把吳侯的位子還給他。而在孫紹長大成人之前的十多年歲月裡，孫仲謀別無選擇，只能承擔起一切。雖則一直以來，孫權認為自己與兄長相比，只是一個普通人，既沒有父親般蓋世英雄的氣概，也缺乏兄長般卓然出眾的魅力。

先天不足，當以後天補之。孫權唯有全力以赴而已！

孫權緩緩行馬在軍中，士兵們都從營帳裡出來看，多日來，大將遇襲、受傷的流言在軍中盛行，大概已經有些人知道了孫策的死，甚至打點行裝準備離開。

「如果大將已經死了，我們還待在這裡做什麼？難道指望大喬夫人帶我們上陣打仗麼？」

孫權的臉色溫和如常，目光平靜地掃過諸將士。程普和韓當在他前頭帶路，張昭在旁，孫翊等人在後。孫權聽見將士的竊竊私語，也看見了他們眼神中的不確定。孫權其實很能理解他們，自己何嘗不是心存疑惑。

無論如何，迷局解開，答案揭曉，孫策死了，接替他的是孫權——一個不太熟悉的名字，但是無所謂，管他是誰，大戰打不起來了，可以回家了，士卒需要休整。孫權的巡營，總歸令軍心安定下來：「終於可以鬆一口氣了！」

完成巡營的孫權，回到中軍之時卻臉色蒼白，幾乎從馬上載下來。張昭命侍從扶孫權回營休息。

「剩下的事，就交給張長史了！」

張昭默默點頭，這時候這個並不強壯的書生身體裡卻激發出了強大的力量。孫權能夠感覺到這種力量的強大而溫暖，在這個四月的哀傷日子裡，孫權幾乎是把張子布當做了父兄的替代來依靠。

而張昭也確實以孫權的監護人自居了，他立即忙碌起來，儼然是這個大家族的總管。他也的確有許多事要做，第一要緊的是寫書信給吳郡大本營，告訴他們突然發生的事件。其次是祕密通告各郡縣，守好各自職位，穩定局勢，嚴防有人藉機生亂。最後，張昭還要起草一份正式文書給朝廷，報告孫策突然死亡的消息，請求朝廷委任孫權為新的江東領袖。

雖然亂世已成，朝廷失去了對群雄的約束力，但是有了朝廷的認可，孫權接掌江東的阻力就會大大減輕，最起碼孫權可以用朝廷命官地名義討伐那些反對者。張昭擔心，如果曹操乘此機會，拒絕承認孫權的合法繼承權，另派人來接管江東，那麼潛伏各地的反對者必然奮起響應，一場大亂，不可避免！

好在曹操正在官渡與袁紹對峙，想來他即便有這個賊心，也沒有足夠的精力來打江東的主意！所以張昭多少有些放心。但是為了防備萬一，張昭還是寫了一封密信給在許都做官的張紘，叫他注意曹操動向，盡可能地保證江東安全。

張紘是廣陵張家的子弟，字子綱（與張昭並非兄弟，張昭屬於彭城張家），當時和張昭一起加入孫策陣營，孫策任命他做正議校尉，去年，他奉命出使許都，結果被曹操留下，做了朝廷的侍御史。

張昭聽說這位張子綱在許都混得還是蠻不錯的，與孔聖人的後代孔融尤其混得哥兒們似的，希望此人念及舊情，為江東做些好事。

信寫完，張昭想起一件事，當初攻打丹楊的時候，孫策親臨戰場，衝鋒在前，張紘力諫說：「您是一軍的大將，三軍將士的性命都寄託在你的身上，怎麼能如此莽撞，像個先鋒一樣在前衝鋒陷陣，一旦有失，全軍上下該如何是好？」

孫策當時頗為感動，一段時間裡面，減少了親自出陣與敵人搏殺的次數，可是張紘北上後，孫策似乎故態復萌，張昭和程普等人多次勸說，完全沒有效果。

張昭想：假如張紘在，也許孫策就不會魯莽地出營狩獵，即便出獵，也不會魯莽地與護衛分離，悲劇或許就可以避免！可惜，能說服孫策的張紘不在，這難道就是天意！張昭不禁淚流滿面，沒有了孫策，江東哪裡還有與曹操爭衡中原的英雄？天下之志，可以休矣！

12. 周瑜來矣

吳郡是孫氏的大本營，四月初九，孫權在此正式宣布了兄長的喪訊。

此前，吳侯府的家眷：幼弟孫匡、妹子孫尚香已經獲悉兄長的突然死亡，唯一不知曉的，也只有太夫人吳氏而已。

為了避免太夫人驟然聽說大哥暴死、無法接受殘酷現實而悲傷過度、出現意外，眾人對老太太封鎖了消息，大喬和孫尚香群口一致地對老太太說：「大哥還在丹徒休養，因為醫師說他目下不可移動，需靜養百日方能痊癒！」

信以為真的老太太說：「這樣也好，給他一個教訓，讓這不安穩的猴子學學什麼叫斯文！」

內心無比酸楚的大喬也只能強按淚水，陪著老太太說笑。回到自己臥室，大喬忍不住抱住幼子孫紹，放聲大哭！尾隨大嫂而來的妹子孫尚香，見此情形也淚流滿面，個性頗似父兄的她，此刻連句安慰的話也不知該怎麼說，只能將一邊的姪女緊緊地摟在懷中。

與內宅的悲傷相比，在外主持大局的孫權只能按住心中悲戚，面對暴風雨的來襲。被江東百姓稱為「孫郎」的大哥孫策的突然死亡，顯然嚴重打擊了江東將士的士氣，這就好像剛剛搭建起來的大屋，突然被抽去了主梁，崩塌的威脅，頓時令屋內的居民驚恐不安起來！

張昭這邊，很快得到報告。近年來為了躲避中原戰亂而到江東來避難的中原流亡人士，議論紛紛，大有立刻打點行裝、離開此處另投前程的趨勢，他們說：「孫策已死，再沒有人可以安定江東，軍人紛爭的局面必然再現，我等不可坐以待斃，三十六計走為上計！」

程普、韓當這裡也有不好的消息，每夜都有士兵偷偷脫下軍服，乘夜逃走，起初是三三兩兩，後來是一小隊的瓦解，有個別營帳已經空無一人，甚至若干中低階軍官也出現了不告而別的跡象。

面對這種情形，孫權幾乎無計可施，他求助於張昭，張昭是個文官，他寄希望於朝廷的文書到來。

「只要朝廷欽差到來，正式宣告孝廉為江東之主，那麼人心就可以迅速安定下來！」

於是孫權就等，一天、兩天，欽差沒有來，第三天，欽差還是沒有來，倒是來了一支大軍，從西面向吳郡推進而來。

周瑜來了。

「公瑾來了，這太好了！」孫權大喜，他知道周瑜是哥哥最信賴的摯友，亦是江東軍隊的中堅，如果周瑜能坐鎮於此，軍心必然可以安定。可是意想不到周瑜的到來居然引起軒然大波，問題的焦點在於周瑜帶了一支規模不小的軍隊前來。

「周瑜帶著軍隊前來奔喪，用意難以測斷！」

「周公瑾為人光明磊落，又與大將情如兄弟，特來奔喪，斷無它意，爾等莫以小人之心妄度君子之腹。吾可為周公瑾擔保！」

「如今是亂世，呂布、董卓父子尚且相殘，袁紹與袁術兄弟如仇敵，誰能擔保得了誰？」

諸將的議論紛紛，更令孫權頭痛，周瑜帶兵前來，當然可以理解為加強大本營的防務，以備不測。但另一方面，誠如一些將領所言，也可以認為是別有用心。或許，周瑜是想看看，孫仲謀的能力是否足為江東之主，如果才堪所任，就用心輔佐；反之，則另有亂世的法則行事。

也難怪眾人猜疑，所謂亂世的法則就是唯強者為大！孫策死後，江東最強的力量，除了周瑜更無第二個人。

撇開所謂忠義不談，周瑜若是有意倚強奪權，此時正是良機。

然而真的就是這些麼？孫權的眼中，更看出一些端倪，那就是人的嫉妒之心。兄長孫策在的時候，對周瑜極其器重，甚至超過了程普、韓當一班老將。

「我等可是跟隨破虜將軍南征北戰之人，安能屈居周家兒郎之下？」老將們心裡這麼想，嘴上卻不敢這麼說。因為那時節孫策尚在，大家都懼怕他的火爆脾氣，生怕言語不慎惹火上身。可是現在孫策不在了，取而代之的是好脾氣而稚嫩的孫權，老將們便無所忌憚了。

可見人心真是難以駕馭之物，年輕的孫權唯有感慨而已。此時他唯有徵求張昭的意見。說來也奇怪，一片爭論不休之中，身為首席文臣的張昭居然閉目養神，一言不發。孫權明白，老先生這是不想在會上發言，那麼就單談吧。

會議結束之後，孫權單獨留下張昭，老先生一落座，他便直截了當地問道：「周公瑾一事，張公意下如何？」

張昭搖搖頭，答非所問：「江東目下最大的問題是什麼？無非一個字而已。」他提起筆，在竹簡上寫下一個字給孫權看。

是一個信字。

張昭說，目前江東之所以發生如此危機，無非是你孫權剛剛接手，根基太淺，所以得不到將士百姓的信賴。而周瑜帶兵奔喪，眾人猜忌，也是因為他們不信賴周瑜的緣故。下屬對上司不信任，這已經夠糟了，如今上司也不信任下屬，這還能有救麼？

話說到底，當年孫策能信任周瑜，你為什麼就不能信任他而無端猜疑呢？周瑜是什麼人，你孫權難道真的一無所知麼？

坊間傳聞說張昭與周瑜關係不佳，可是此時此刻張昭卻說出這樣的一席話，孫權不禁慚愧，他想起當初父親暴死，兄弟落難，無處落腳之時，周瑜慷慨地將一所大宅子相贈，孫、周兩家儼然親戚，周瑜進入內宅拜見孫策的母親，孫家缺什麼，周瑜都會及時送來，從不分彼此。在當時的孫權看來，相比兄長的嚴厲與急脾氣，周瑜的慷慨大度、幽默風趣，更像是一個寬容的哥哥。

孫權很沮喪，為什麼自己的耳根子這麼軟，老將們的幾句話居然就動搖了自己對周瑜的信賴之心。

決心已下，孫權打算去城外館驛親迎會周公瑾，跟隨他的只有周泰等數十人而已。對於這個決定，大家都有些意外，幾位老將打算勸阻，可是卻找不到孫權人影。

「孫孝廉何在？」

「聽說已經出城了。」

「真是任性之人，他以為自己還是個孩子麼？」

也有人頗為讚賞孫權的舉動：「此大丈夫之所為也！」

說話的是張昭，吳中登時鴉雀無聲。

13. 英雄的柔情

周瑜把軍隊停駐在太湖，然後帶了一小隊親兵，往吳郡而來。

當得知孫權親自到驛館迎接，周瑜有一點感動。主人出門迎接客人，上司出城迎接下屬，這是一種殊禮，意味著另眼看待。西周時代的周公，正在洗頭髮，一聽到賢士來訪，就握住溼漉漉的頭髮，迫不及待地出門迎接，正在吃飯，一聽到賢士來訪，就吐出嚼了一半的食物，迫不及待地下堂問候，賢士受到如此禮遇，莫不感動。赤壁之戰前夕，曹操賦了一首〈短歌行〉，最後兩句便是「周公吐哺，天下歸心。」孫權出城迎接周瑜，目的無非也是讓「周瑜歸心」，然而，周瑜心中的困惑，卻並不能因為孫權的特殊禮遇而化解。

對於孫策的死，柴桑、廬江一帶流傳著一則流言，說所謂許貢門客行刺云云純屬虛構，真實的原因是江東一批實力派人物反對孫策北伐，又苦於不能說服孫策，為免同歸於盡，他們刺殺了孫策，而以較為溫和的孫權為傀儡。

周瑜不相信這則流言，然而孫策的死，至少有兩點令太過蹊蹺：其一：據周瑜所知，孫策當時正在謀劃北上襲曹，卻在這個節骨眼上遇刺，究竟幕後指使者誰？許貢門客的背後，是江北的曹操，還是另有其人？其二：孫策既然死了，按照宗法繼承制，繼承人應該是他的兒子孫紹。為什麼改成了兄弟孫權？兄死弟及的做法，只在上古殷商時代和春秋亂世的吳國實行，也正是這種做法，引起了殷商和吳國的動亂。

殷商的君主仲丁，死後的王位由兄弟外壬繼承，結果引起長達百年的「九世之亂」。吳國的君主壽夢把王位傳給弟弟諸樊，諸樊又傳位給弟弟餘祭，餘祭死，再傳弟夷昧。夷昧死，當傳弟季札，但是季札推辭逃走，結果夷昧的兒子僚為王，由此引發著名的魚藏劍事件，諸樊之子公子光殺了吳王僚，吳國一度陷入內亂。

兄弟繼承制度為什麼容易引發內亂，因為簡單的事情被複雜化了，本來，王位只有一個合法繼承人，那就是正妻所生的大兒子，所謂「嫡長子」，如果「嫡長子」死了，就按順序排下去，不會有紛爭，即便要爭，也就是幾個兒子爭。但是改成兄弟繼承就不一樣了。大哥死後，二弟繼承，那麼二弟死後，誰來繼承？是三弟？還是大哥的兒子？還是二弟的兒子？人人看上去都有繼承權，但是誰都不能證明自己應該優先繼承於是內亂由此而生。

就拿孫策這件事來說，本來事情很簡單，孫堅死了，他的長子孫策繼承了家業。那麼孫策死了，繼承家業的人也應該是孫策的長子孫紹。但是事實卻是孫權繼承了家業，那麼後面的事情就難辦了。今後孫紹長大了，怎麼辦？江東基業是他老爹一手打下來的，結果卻沒他什麼事。孫權也難辦，這份家業，今後給誰？按照兄弟繼承法，接替者是三弟孫翊。按照父子繼承法，孫權就只是暫時保管者，孫紹長大成人，就應該還給他。可是這兩種結局，恐怕都不是孫權心中的最佳答案。到時候，孫權一定想把基業傳給自己的兒子，可是這樣一來，無論是孫翊還是孫紹，可都危險了！

以周瑜的睿智，怎能想不到這些！既然想到這一步，他又怎麼不做些什麼。論交情，他和孫策是兄弟般的摯友；論親戚，他和孫策共娶了喬家姐妹，可以說是連襟關係。周瑜想：即便不能為孫紹立刻奪回家業，也要取得孫權的承諾，即將來的江東，將還給孫策的兒子孫紹。

然而周瑜也明白：孫權繼承已經成為事實，聽說張昭那些人，已經將其視為主公，想改變既成事實，難度不小。關鍵在於其他的老資格將領程普、韓當怎麼想。但是這些武夫，多半會說：「都是孫文臺的兒孫，誰繼承不都是一樣！」

或者他們又會說：「孫紹年齡太小，時逢亂世，掌舵的人，還是年長一些好！」

對於這種說法，周瑜已經想到了應對之策，那就是設立輔佐之人，孫權、張昭、程普以及周瑜自己，可以共同輔佐孫紹。如果輔佐之人太多，難以統一決策，那麼可以推舉孫權為首輔。當年周武王病逝，成王年幼。身為武王之弟的周公，不正是做了首輔，等到成王成人，再還政與他麼？大漢帝國自漢武帝以後，幼君無數，不都是外戚輔政麼？前漢的霍光，不就是忠心輔主而名垂青史麼！

周瑜並非無備而來，他也聽說自從孫權接管江東以來，人心不穩，大批中原流亡士人打算離開，軍中也出現了士兵逃亡的現象，一些軍官，似乎對孫權不滿。本來嘛，江東的兵，是孫策招募來的；江東的將，是孫策一手提拔起來的；江東的城池，是孫策一個一個打下來的。憑什麼不給孫策的兒子，而給孫權！

周瑜的好朋友魯肅，前幾天告訴周瑜，他的祖母去世，他要回老家主持葬禮。周瑜相信他這是對江東不再有信心，於是決心離開了。周瑜相信，大部分將領，更樂於見到孫策的兒子孫紹接管江東，哪怕暫時只是一個虛名。

周瑜暗暗告誡自己，千鈞一髮的時刻，他可不能動搖心智，辜負孫伯符的情誼。正是抱著這樣的心情，周瑜進入驛館與孫權會面。

孫權與周瑜上一次見面，是在去年年底的討伐江夏一役。在兄長孫策的中軍大帳中，周瑜是最具有發言權的人物，孫策對他的器重，遠超過了呂範、程普這些老將。孫策給朝廷上表，羅列名單時的部下名序往往是周瑜第一，呂範第二、程普第三，然後才是孫權、韓當、黃蓋等。

孫策有時會指著周瑜對孫權說：「公瑾與我同歲，仲謀可以兄事之！」

說起來，當年周瑜被袁術看中，要委任他做將軍，周瑜卻一眼看破了袁術這種人不足以成就大業，他請求去做一個名為「居巢」的小縣的縣長，袁術很意外：「公瑾何必如此自謙？」

有謀士勸袁術說，年輕人，不妨放他出去鍛鍊鍛鍊也好！當年袁紹弱冠之時，外放官職，也是一個縣令起步。就是袁術自己，年青時也是先「歷職內外」，經過了多個職位的歷練，才充當重任。於是袁術許可周瑜去居巢縣上任。結果周瑜做居巢縣長是虛，藉機外逃才是實，建安三年，二十四歲的周瑜從居巢來到吳郡，投奔了孫策。

江東人喜歡周瑜，不亞於喜歡孫策，於是周瑜被吳人稱呼為「周郎」。想當年，孫郎與周郎，同時迎娶大喬與小喬一對璧人，孫策得意之下，與周瑜調侃說：「橋公二女雖流離，得吾二人作婿，亦足為歡。」

談笑彷彿尤在耳側，而孫郎已然作古，只留下一個周郎，獨自面對東逝之江水，唏噓此情，卻與誰道！

孫權說：「我要和公瑾自在些說話，爾等都退下吧！」周瑜也讓自己的侍從暫且退下。

一時帳中寂靜，但是孫權身後，還有一人不肯離去，這人，周瑜也認得，是九江下蔡人周泰。孫策左右最勇猛的兩頭虎，一個是九江壽春人蔣欽，一個便是這周泰。

「幼平，你也且退下！」

周泰不動，他說他不能退下，因為他接受的命令，就是保證孫權的人身安全。周瑜不屑，此人表忠心，可真會挑時候！他微笑說：「是張子布囑咐你這麼做的吧，江東文武之中，心細如髮絲，也只有這位老兄了！」

周泰依舊不為所動，他硬邦邦地回答說，是大將！周泰口中的大將，顯然就是孫策。一邊的孫權這時開口說，周泰說的不錯，當初正是兄長孫策，將周泰給了他，負責他的安全。

當初周泰還在孫策的大營，孫權喜歡他的武勇與忠直，向孫策討要此人。孫策問周泰說：「願意為策做一件事麼？」周泰跪下說：「願萬死效勞！」

孫策笑，說無需萬死，只要你為我守護好這個弟弟就行了！

不久孫策率軍討伐六縣的山賊，孫權留守宣城，身邊的衛士不足一千人，初生之犢不畏虎的孫權，更有一般少年人的通病，眼高手低，粗疏大意到完全沒有注意到必要的警戒，結果數千名山賊突然殺到，襲入宣城。孫權剛來得及上馬，山賊的刀刃槍尖已經刺到馬前，孫權的左右，或死或傷或離散。

孫權正在倉惶之際，一個粗重的聲音如雷般劈落：「孝廉莫慌，周泰來了！」

周泰揮舞著一對短刀，左劈右砍如傳說中的項羽般破陣而入，血濺在孫權的臉上，分不清是周泰的還是敵人的。驚慌失措而散亂的侍衛們，這時也在周泰勇氣的鼓舞之下重新聚合，一圈人圍住孫權，構成一個不破的防線。

當附近各縣的援軍到來，山賊潰退而去，孫權發現周泰倒在血泊中，手中刀尤插在一名山賊的腹部。軍醫趕來，查看周泰身上的刀箭創傷，多達十二處，而且全部在前方，好在並未傷及要害。

「此人命大，還能醫活！」

那日，過了多時周泰才緩緩甦醒。但是孫權聞訊去看望他時，周泰卻已經能站起來，他說：「沒事，好久沒睡這麼香了，差點就想不起來算了，呵呵……」

說完周泰大笑。

孫策後來說了句話：「那一天要是沒有周泰，仲謀就完了！（是日無泰，權幾危殆。）」特別賞賜他，提拔他為某縣的候補縣長。當然，只是虛職，周泰的長處，在作戰不在治民。後來攻打皖縣、討伐江夏，他都在場，一面守護孫權，一面抽空斬幾個首級過癮。

周泰終於還是奉命退下，周瑜望著他的虎背說：「此人真是一員虎將！」

孫權聞言忽然落淚。

周瑜不解。孫權說：「要不是我把周泰從兄長那邊討來，丹徒之日，兄長身邊有這樣一個人在，你說他還會不會死？」

周瑜默然，他突然想起留居家中的小喬，這一次奔喪她也想來，一是祭拜大將，二是安慰姐姐大喬。然而他沒有讓她來，因為她已經有了身孕，周瑜希望是個兒子，名字已經想好了，叫「循」，循者，行順也。意思是遵守、沿襲，沿襲什麼呢？當然是沿襲周瑜的血脈。

想當日夫人大喬臨產，孫策說：「若是兒子，叫紹。紹者，繼也。我要他繼承孫家的大業。」孫策又對周瑜說：「公瑾，你要是得子，就叫周循，沿循你的智慧。」

周瑜突然想，如果他周瑜現在在這大營中突然死了，小喬和即將臨世的周循將依靠誰呢？孫策還有一個弟弟，他周瑜這一房，可是獨子！亂世之人，猶如飄葉，縱使你英武如孫伯符、智慧如周公瑾，還是一片飄葉，搖曳風中，不知未來將飄去何處！

一時之間，周瑜很茫然。

所謂英雄，在正統小說中總給予人高、大、全乃至不食人間煙火的感覺。周瑜是個英雄，但卻是重情義的英雄，他亦有他的柔軟處。而此刻孫權恰好點中了他的柔軟處。

周瑜的本意，是要責難孫權為何不讓位給孫策之子孫紹，可是如今孫權卻巧妙地暗示：這是哥哥孫策的意志，他只不過是忠實地執行兄長的決定而已。

「兄長對我如此眷顧，我又怎麼能違逆他的意思？」

這麼一番騰挪轉移，周瑜對孫策的兄弟之情、知己之義便不知不覺中轉移到了孫權的身上，換句話說，按照這個邏輯，周瑜應該盡心輔佐孫權，這才是對孫策的最大尊重。如果強行擁立孫紹，引起江東的內戰，反而是對死者的不敬！

可是孫紹該怎麼辦？

孫策臨終之前曾對孫權言：「舉江東之眾，決機於兩陣之間，與天下爭衡，卿不如我；舉賢任能，各盡其心，以保江東，我不知卿。」孫策說得很清楚，孫權的任務是「保江東」；可是保下來的江東歸誰？是歸孫權還是孫紹，孫策沒說。

眼前的孫權又是怎麼想？他是打算為姪兒保管這江東，還是從此據為己有？這些問題，周瑜很難開口。即便開口，孫權也沒有義務回答。

於是滿腹心事的周瑜只好暫時保持緘默，聽孫權說。

「公瑾你聽說過這件事麼？」

「什麼？」

「就是兄長誕生之前母親夢月之事。」

「哦，有所耳聞。」周瑜想這與今日之事有何相干呢？

「這麼說公瑾也應該聽說過母親生我之前夢日一事。」

周瑜點頭，當年吳氏夢月入懷而生孫策，夢日入懷而生孫權，孫堅高興地說，日月者陰陽之精華，極貴之象，吾子孫其興乎！這是在江東廣為流傳的故事，至於是真是假，這就如同說劉邦是「赤帝子」的傳說，大概也只有始作俑者知道。

「每天我望著天邊，見白晝而月落日出，至夜則日落月出，終於明白了這個道理：兄長如月，孫權如日，兄長月落則孫權日出，待日落之時，又豈不是月出之分！」

這句話周瑜聽明白了，孫權的意思是：兄弟繼承就猶如日月交替，孫策將江東交給了孫權，這是「月落日出」，等到將來孫權千古，他又會把江東還給孫策的兒子孫紹，這就是所謂「日落月出」！

這樣的承諾，令周瑜心顫淚落。然而這是孫仲謀的真心話麼？

第三章

孫仲謀的崛起

這幾天的夜裡我總是夢見大哥，我問他：我該如何應對這一切，他不回答。做了許多這樣的夢之後，我終於明白了，無論如何我都不會成為第二個孫策，我只會成為孫權。那麼，我就按自己的方式來做好了。

——孫仲謀的獨白

14. 選曹操？還是孫權？

建安五年的夏天，周瑜作出決定，留在吳郡輔佐孫權。這也是孫權和張昭的意思，有這一文一武的坐鎮，想來江東的紛擾就會減少許多。

這日，周瑜的府中迎來了一位年輕的客人，他便是魯肅。

魯肅是來接自己的母親回鄉為祖母大人操辦喪事的。魯肅告訴周瑜，他對這位祖母，感情頗深。因為他出生不久便失去了父親，幾乎完全依靠祖母撫養長大。

「公瑾，我必須回鄉料理此事，否則，將是畢生之遺憾！」

周瑜與魯肅關係極佳，當年周瑜做居巢長，帶著幾百人經過魯肅的老家東城，糧草已盡，只能厚著臉皮求助於魯肅。魯肅說：「借糧麼，家裡其實已經不多了，你且隨我來！」

魯肅帶著周瑜來到穀倉前，魯家是東城的大戶，祖上曾經闊過，但魯肅是個敗家子，不擅長理財，若干年來敗落到只有兩囷米，各三千斛。

「這一囷米你拿去！」

魯肅所指的一囷米，在亂世之中彌足珍貴，要知道亂世米價如金。當時北方的袁紹軍糧不足，採集桑葚充飢，南方的袁術軍也強不了多少，撈取河蚌代替糧米。程為曹操準備軍糧，糧米不足，居然夾雜人肉乾。曹操去迎接漢獻帝，在洛陽親眼看到文武官員面有菜色，許多官員在郊外採摘野菜煮湯喝，一些人乾脆躺倒在殘垣斷壁中等死，有些不用等，已經餓死了。

魯肅的豪爽令周瑜感動，卻也惹來了麻煩。袁術聽說此事，惦記起魯肅剩下那一囷米，任命他做東城縣長，實在是指望他能將剩下那一囷米主動捐獻出來。魯肅瞧不起袁術，他索性帶著一百多號人到居巢投奔周瑜。周瑜說：「居巢非久留之地，我打算去江東投奔孫伯符，子敬意下如何？」

於是魯肅和周瑜一塊到了江東，周瑜幫忙，把魯肅的母親也帶到吳郡安居，魯肅在老家只留下了年邁的祖母，因為留戀故土，不願東渡。

周瑜相信魯肅請求回東城是為了安葬撫養他長大的祖母，但是周瑜心中更清楚地確定，如果就這樣讓魯肅回去，必然是一去不復歸！

周瑜的猜測並非空穴來風，一年前，魯肅接到了一封來自江北的書信，寫信者是他的舊友劉子揚。劉子揚在這封信中，說他正在一個名為鄭寶的軍閥麾下做事，勸說魯肅來與他同舟共濟。

對於這個邀請，魯肅顯然不會動心，因為孫策與鄭寶相比，哪一個更有力量、前途，顯而易見。但是收到書信之後幾個月間，形勢發生了變化，魯肅這邊，孫策遇害，孫權接替，江東局勢不穩。而劉子揚那邊，鄭寶很快被殺，經歷一段曲折的過程，劉子揚最後的歸宿落在了許都——曹操的帳下。

此時的曹操與孫權相比，孰優孰劣？

魯肅此次回東城，完成葬禮之後，他的目標便是許都——他的好朋友劉子揚，也就是曹操謀士群中頗以才氣著稱的劉曄，正在恭候他的大駕，以向曹操推薦。魯肅的這番盤算，周瑜雖然不能完全掌握，但是多少有些察覺。

「你是不是打算走？」

周瑜說，子敬，我們是至交，難道這樣的大事，你也不跟我交個底麼？如果你有更好的前程，難道我會拖住你不讓你走麼？實話說，要是真的好前程，我也想與子敬同去呢！

和周瑜相比，魯肅顯然忠厚老實了些，一聽好朋友這麼說，他也不兜著，如實將劉子揚的書信內容相告。

於是周瑜對魯肅說了一個本朝的典故，兩漢之間，馬援與光武帝劉秀對話，說：「當今這樣的亂世，不但是君擇臣，也是臣擇君！」什麼意思？太平盛世的時候，全國只有一個君主，九州的人才，都等待他的挑選，做他的臣子。但是現在是亂世，群雄逐鹿，不知道誰是最終的勝者，所以不但君主挑選臣子，臣子也要挑選一個有前途並且適合自己的君主。

周瑜對魯肅說，你當初不願意為袁術效勞，不就是因為覺得這個人沒前途麼？試問你現在覺得自己去投奔曹操，會有很好的前途麼？周瑜搬著手指說出幾個名字：荀彧、荀攸、郭嘉、鍾繇、陳群等等。這些人，除了超人的才智膽識之外，還都有相同的背景，那就是他們都是「潁川之士」。

潁川是一個地名，曹操的謀士多來自這個地區，所以有「潁川幫」的說法。周瑜告訴魯肅，如果他去許都，以他江淮的出身，很難躋身這個圈子。

「誠然，如果有過人一等的才智，想要脫穎而出也不是不可能。但是……」周瑜質問魯肅，「子敬，你敢說自己的才智勝出荀彧、荀攸、郭嘉、鍾繇、陳群等一大截麼？」

魯肅老實說：「不要說一大截……一小截也沒有。」

既然如此，那就留在江東吧！周瑜告訴魯肅，他可以代為推薦，相信孫權不會不識真英雄。

孫權，他能用我麼？

15. 人心難測

西元200年，即建安五年，這一年的夏秋之際，紊亂的江東人心，終於因張昭和魯肅對孫權的力鋌而有所穩定，鑑於混亂的局勢，周瑜留在吳郡，以中護軍的身分與張昭共同輔佐孫權。

有這一文一武的輔佐，人們對孫權的質疑稍稍降低，可是很多人的內心深處，依然為江東的前途而憂慮。這其中甚至包括了孫權的母親吳氏。這位貌似堅強的老太太私下裡問張昭說：「小二能保得住江東平安麼？」

張昭還沒來得及回答，一邊負責府中護衛的小將董襲搶答了一句：「江東地勢，有山川之固，而討逆明府，恩德在民。討虜承基，大小用命，張昭秉眾事，襲等為爪牙，此地利人和之時也，萬無所憂。」

老太太一聽，張昭教的吧？跟背書似的。

其實董襲說得並非完全是寬慰人的話，在張昭和周瑜的護持之下，江東緊張的氣氛漸漸緩和。

然而一個月之後，來自廬江的一封文書，再次將吳郡的氣氛緊張化。事情的起因，是因為張昭、周瑜發現，大批的叛逃人員，都匯聚到了廬江。而當時的廬江太守李術，顯然把自己的轄區建設成了這些叛逃人員的收容所。

軍事會議上，諸將對於李術都頗為義憤填膺，因為李術這個廬江太守的職位，還是當年孫策任命的。沒想到孫策一死，屍骨未寒，他就有了二心。因此韓當等人都主張討伐。張昭和周瑜意見倒是比較一致，李術至少名義上還是江東的部屬，他沒有正式反叛，不妨懷柔安撫一番，以免逼急了，反而把他推到了曹操那一邊，那就不划算了。孫權覺得這意見不錯，他命張昭執筆，寫了一封措辭溫和的書信給李術，讓他把收容的叛逃人員遣送回江東，一切誤會，便可消除！

結果李術毫不猶豫的回了一封書信，信中說了很多，中心意思只有一句話：「德見歸，無德見叛，不應復還！」翻譯成白話就是說：「你孫權有本事，這些人就會回來。你要是沒本事，自然沒有人會服你，我既然收留了他們，哪裡還有歸還的道理？」

這是赤裸裸地挑戰孫權的權威，而且有嘲笑奚落的意思。

不得不討伐了！

一波未平一波又起，正當孫權為李術的背叛而煩惱之時，張昭又告訴他一個震撼的消息。一封來自邊界的密報說，有人傳信給曹操，透露江東的軍情，似乎有投曹的意謀。幸好被邊界巡查人員捉住，人贓並獲。

當時孫權正出巡東冶縣，回來已是多日之後，聽到這個消息，大為震驚。

「是什麼人如此大膽妄為？」

張昭說出一個人的名字，更讓孫權驚愕不已。原來寫信給曹操的人，是盧陵太守、孫權的堂兄孫輔。

連年戰亂不斷，孫家男丁存活不多。比孫權年長的，當時還剩下三位。一位是孫靜，孫權的叔父，孫堅時代就帶兵跟從大哥孫堅作戰，孫策時代，也是屢立戰功，但是為人低調，不願意出來做官，所以一直在富春老家留守。第二位是孫權的堂兄孫賁，也是一員猛將。孫堅死的時候，他整理殘部，與孫策一起護送靈柩歸江東。袁術任命他做九江太守，他辭官不就，回到江東，正好孫策起兵，孫賁協助孫策，功勞顯著，也就是今年年初，孫策派他去豫章上任，做了太守。第三位便是這孫輔，孫賁的親弟弟、孫權的堂兄，跟隨孫策、孫賁，作戰如猛虎下山、餓狼撲食，身先士卒，因此每一場戰鬥都斬獲無數。孫策對他極為賞識，任命他做盧陵太守，還掛著平南將軍、交州刺史的頭銜。

普通士卒叛逃，甚至一般將領叛逃，孫權都可以接受，因為所謂部屬關係，無非混口飯吃而已，如果上司前程不確定，放棄這裡改投別處，無可厚非。但是背叛的人，換成是同族的堂兄孫輔，孫權簡直不能接受這個事實。難道自己已經到了所謂「眾叛親離」的境地？

在這一刻，就連孫權自己也動搖起來，難道兄長真的看錯了人，孫仲謀根本就不是那塊料？

處置孫輔，不只是處置一個屬下那麼簡單，他是孫權的堂兄，又是一郡的太守，又掛著平南將軍的頭銜，手裡有錢、有人，一旦處置不當，孫輔把盧陵郡當見面禮送給曹操，北投中原，孫權可真的被動了。

張昭對孫權說，一個領袖，倘若只會發怒殺人，並不能令人信服，反而使人心離散。當年曹操一怒之下，殺了譏諷他的名士邊讓，結果士大夫們起了兔死狐悲、物傷其類之心，曹操曾經極為信賴的陳宮因此謀反，州縣響應，一時令曹孟德有家不能歸，狼狽至極。

殺孫輔，看似只要一個使者、一杯毒酒那麼簡單，但實際上牽動著孫氏宗族與江東人心。就孫氏宗族而言，孫權一上臺就殺了堂兄，宗親們會怎麼想？就江東人心而言，孫權連自己的堂兄都搞不定，有什麼能力搞定江東？

如何處置孫輔，成為孫權執掌江東以來的第一道考驗。

數日之後，身在廬陵的孫輔接到了來自吳郡的文書，說是孫策薨後江東局勢不穩，孫權自認年少，缺乏治國經驗，因此請宗族叔伯兄長輩到吳郡商議，選舉一二個人來與張昭、周瑜共同輔佐孫權。

孫輔有點半信半疑，他派去北方送信的使者，一直沒有回來，孫輔猜想這人是害怕了，所以中途逃走。那封信，搞不好根本就沒到曹操手中，倘若是被送信人半途燒了，倒也沒什麼，就怕落入張昭、周瑜之手，那就糟了。

左右說，將軍何須憂慮，如果大事真的洩漏，倒不如乾脆在廬陵舉兵，直搗吳郡。將軍便做了江東之主。孫輔大怒，爾等知道什麼，我難道是為了爭奪江東基業才寫書信給曹操麼？我的本意，是為孫家留一條後路，如此而已！

左右說，將軍何須動怒，其實眾人皆言，江東之主，本來應該是吳侯（孫策）的兒子孫紹，據說是張昭等人藉口孫紹年幼，當今亂世，當立年長者，所以來了個兄死弟繼。但是小人們仔細一想，要立年長者，第一年長的應該是豫章太守（孫賁），第二就是將軍您，第三才是他孫仲謀。

左右這一席話，孫輔聽了多少有些激動。於是他打算拒絕去吳郡參與宗親大會，看看孫權有作何反應，再作決斷！

孫輔剛下了這個決心，他的親哥哥豫章太守孫賁就來了。孫賁是來勸兄弟與他同赴吳郡的，他告訴弟弟，叔叔孫靜已經上路，據言此次輔臣人選，其實就在孫靜與孫賁二者之間取其一。

孫賁說，孫靜雖然是叔叔長輩，按倫理，我等該讓著他些。但是這輔佐的大事，關係我孫家的未來，豈是該謙讓的麼！若是比文治武功，難道我比叔叔差很多麼？孫輔素來敬重這個哥哥，又對內斂性格的叔父孫靜有些看不慣，不由脫口道：「要是比年歲，那就罷了！若是論文治武功，大哥可比叔父強出一大截！」

孫賁呵呵大笑，既然如此，你就應該與哥哥同赴吳郡，到時候會席之上，你也好為哥哥搖旗吶喊才是！孫輔默然，說實話，他不想去吳郡。但是他又很難拒絕哥哥的請求。這個哥哥，曾經給他的恩情太多。當年孫輔還不過是個嬰孩，父母的早死，讓哥哥孫賁又當阿爹又當阿媽，撫養成人，其中的兄弟情義，又豈是一般的兄弟情可比擬。如今大哥難得提出一個要求，做兄弟又有什麼理由來推辭呢？

思慮再三，孫輔橫下心，也罷！就算是天羅地網，為了大哥，也要走這一遭！

五月初五，孫輔與兄長抵達吳郡，此時孫靜已經於多日前先行到達。因都是孫氏宗親，孫權當夜設下家宴招待，連太夫人吳氏也都出席，孫靜、孫賁、孫輔以及孫權三兄弟，按照長幼次序落座，不分君臣。

數日前，孫權與周瑜商量如何將孫策已死的實情告知母親。周瑜說：「仲謀，你無須為此煩惱，其實太夫人早已經知曉此事，只是為了照顧仲謀的一片孝心，穩定人心，假裝不知罷了！」

這話，是大喬與她的妹妹小喬說體己話時透露的，不應有假。孫權大慟，原來母親一直以來假顏歡笑，只是為了配合自己，想那一張笑臉之下的慈母之心，該是多麼悲傷。

這一次家宴，太夫人本來可以不出席，然而她卻說：「我不出席，怎麼叫做家宴，國儀這孩子，怎麼說也是孫家子弟，這點眼力勁還是有的。」於是吳氏執意出席，家宴之上，還特意囑咐孫賁、孫輔，要多多關照兄弟孫權，不要讓他辜負了伯符的託付。

孫賁、孫輔自然深信不疑，剛直的孫賁想起孫策，更是淚流滿面。

家宴結束之後，孫靜、孫賁、孫輔各回孫權安排的寢房休息。孫輔畢竟有心事，躺在榻上輾轉反側、不能入眠，好容易捱到子時，忽然聽到密集的腳步聲由遠及近。孫輔翻身坐起，士兵已經闖門而入，刀刃交集在孫輔胸前，為首的將領，正是周泰與蔣欽。

孫輔悲哀地想：終於對我下手了！

不知為何，孫輔有一種無比輕鬆的解脫感。

孫輔被帶入一間密室，面前坐著孫權與張昭，他們的身後是一扇屏風。孫權說：「權弟猜想兄長睡得不好，所以約了張子布與兄聊聊！」

孫輔冷笑說：「被人拿刀架在脖子上，當然睡得不好！」孫權笑：「難道兄不想把刀架在權弟的脖子上麼？」

孫輔到了這個地步，卻出奇的冷靜。他裝糊塗說：「仲謀現在是江東之主，可不能開這樣的玩笑！」他指著張昭說，「張子布，我這個兄弟還年輕，這你可得教教他！」

張昭拱手說：「平南將軍說得是，只不過有密報說將軍與曹操頗有往來，恐怕其中有些誤會，還請將軍說明！」

孫輔想莫非他們手裡並沒有什麼證據，只是胡亂猜疑而已。這一來，孫輔口氣強硬起來，他一口否認有什麼誤會需要解釋。

孫權進逼一步說：「兄覺得權弟不成器，自可明言，為何寫信呼喚他人？」

一句話打得孫輔方寸大亂，唯有硬著頭皮堅持而已：「哪裡有此事！」孫權取出書信，拋給張昭，張昭將書信打開，一字一句唸給孫輔聽。

「這是陷害！」孫輔此時已是胡亂招架，可惜他這封乃是親筆信，張昭將書信展示給他看，孫輔根本就無法抵賴。這時屏風背後轉出兩人，正是孫靜與孫賁。孫賁大步向前，從張昭手中取了書信來看，這一看，孫賁氣的渾身哆嗦，半句話也說不出來。

孫輔向前抱住大哥雙腿，泣聲道：「小弟這也是為了留條後路給孫家，不得已才出此下招！」

孫賁一腳將孫輔踢個觔斗，反身跪拜在孫權面前。

「請主公下令斬了此賊吧！」

一語及此，孫賁已是泣不成聲。十多年前，正值弱冠之年的他抱著這嬰孩的情形，彷彿還在眼前。孫輔哇哇的啼哭之聲，不絕於耳邊。哥哥孫堅曾說：「這個孩子的哭聲好響亮，將來一定又是孫家的一員虎將！」

人世造化，變幻如風，一切美好的回憶，莫非都是為了最終的無情摧殘麼？

16. 魯肅的天下藍圖

孫輔事件最後的處置結果是：孫權下令處死了孫輔的左右，卻留下了孫輔本人的性命，他被祕密囚禁，數年後病死於獄中。孫輔死後，孫權下令，他的罪止於一人，家人不受牽連，孫輔的三個兒子長大之後，陸續出仕為官，待遇與孫氏其他宗親相等。

一場驚心動魄的後院之火，就這樣無聲無息地被孫權撲滅。孫氏宗親們都認為孫權氣度非凡，既申明了法度，樹立起自己的權威，又對族人有情有義。尤其是孫賁，對孫權的寬大處理感激涕零。

「這一次的處置，頗顯君王風度！」

一貫以嚴師姿態對待孫權的張昭，難得地誇獎了孫權一番。孫權回答說：「哪裡是什麼君王風度，我只是遵循本心而為罷了。兄長去世之後，發生了那麼多事，堂兄懷疑我不能成事，大概也是很多人內心的寫照罷了，倘使重罰堂兄，那麼那些人怎麼辦呢？其實就是我自己，也不確定自己就一定行，難道我還能因為這個原因處罰自己麼？」

不過能得到張子布的誇獎，孫權內心也著實很高興，他跟周瑜開玩笑說：「公瑾為什麼不說話，是不是我的處置還有些不當？」（孫權的潛臺詞是：周瑜為什麼不和張昭一樣，誇獎自己幾句，不足二十歲的孫權，畢竟還是個渴望表揚的新人）

周瑜卻很嚴肅：「主公在孫輔一事上處置得固然不壞，可是要鞏固江東，主公還要再花些力氣才是！」

「哦，究竟在什麼方面有所欠缺呢？」

「是人才！」

「人才麼？」孫權微笑著說，「江東有張子布、周公瑾，還有程德謀、韓義公、黃公覆等等，怎麼？公瑾以為不足麼？」

「這些人，若只是割據一個吳郡，馬馬虎虎也就算了。若是用來保守江東、觀望天下，何止不足，簡直是不堪一用！」

孫權看看張昭，張昭咪著眼，似乎有些不以為然。於是這一場會談到此結束，但是到了晚上，孫權又把周瑜叫來：

「公瑾白天賣得什麼關子，現在可以揭開蓋子給我看了吧？」周瑜笑，他的確是有所指的，他要推薦給孫權一個人，這個人，將與張子布、周公瑾自己一道，共同扶持起這江東的霸業。

此人便是魯肅！

「魯肅麼，以前大哥從未提起過此人的名字啊！」

「子敬雖然有才能，為人卻很低調，但即便如此，袁術還是聽說他的賢名，幾次請他出來做官，但子敬以為袁術不足成事，棄官來到江東，足見膽識過人。」周瑜把魯肅慷慨借糧等事蹟與孫權這麼一說，孫權卻也來了興趣，況且既然周瑜如此強力推薦，又怎能拂了周公瑾的面子，那就見見罷！

但是一時卻見不著魯肅，因為他已經回東城辦理祖母的喪事，雖然周瑜與他約定事畢便歸，然而多日過去，魯肅卻未能回來。周瑜卻不覺得尷尬，他就這麼吊著孫權的胃口。太容易得到的東西，往往不會珍惜。人也是如此，既然要力推魯肅，他的出場就應該是一波三折、把花樣做足才是。

結果魯肅一直讓孫權等了五六天才到，他進見孫權的時候，恰好碰上張昭也引薦了一些士人給孫權。孫權說：那就一塊見見！

「好啊！」周瑜心說，這不是烏鴉幫鳳凰陪襯麼，魯肅在這些人堆裡一站，那就是鶴立雞群！

這一次的會見，周瑜與張昭都沒有進去陪坐，待得眾人散場，一一看來，張昭的人都出來了，卻不見魯肅。張昭的臉登時黑了下來。

「子敬怎麼沒出來？」周瑜暗問周泰，周泰低聲說，他被主公留下了，正坐在榻上，兩人對飲敘談呢。

周瑜心中一塊石頭落了地，這個魯子敬，總算沒有辜負他的一番美意！然而隨之一個疑問又浮上周瑜的心頭，與孫權合榻對飲的魯子敬會說些什麼呢？

是的，魯肅也在想，他該說些什麼，才能打動這位江東的年輕主人呢？

魯肅今年二十八歲，距離而立之年還有兩年，周瑜說得不錯，如今的天下，想做君主的，就得好好挑選他的臣子；而做臣子的，更要謹慎挑選自己的君主。魯肅是個有自知之明的人，他不可能做君主，那麼，就一定要看清楚天下的方向。當年，他捨棄了袁術，因為他確定，這個紈褲子弟只是亂世的一朵曇花。

那麼，眼前的這位年輕人呢，他繼承了父兄打下來的現成的江東基業，可是到目前為止，他並未顯示出有什麼過人之處，他是不是一朵曇花呢？

既然如此，不妨靜觀其變，看看他會問些什麼，再做回答。於是魯肅大口吃菜，很隨意地在孫權面前喝酒，只是不談什麼軍國大事。

孫權果然忍不住了：「先生遠道而來，難道只是為了坐在這裡吃喝麼？」魯肅笑：「魯某自然不白喝將軍的酒，將軍心中的疑惑，可儘管問來！」

孫權說：「權只有一個問題，先生倘若能為權解此惑，富貴當共享之！」

「請講！」

魯肅的鎮定自若，真令孫權有點刮目相看，自從接掌江東以來，差不多每天都有士人前來投奔，精力充沛的孫權也打起了十二倍的精神來接見他們，印象中，這些人或謙卑，或狂傲，或滿口阿諛奉承，但無論謙卑、狂傲、阿諛奉承，這些表象都掩飾不了底下的事實——那就是亂世的風暴、生計的窘迫，讓這些素來以門第自傲的傢伙不得不丟棄自尊，如買春女般搔首弄姿尋求一個買家！

然而眼前這位魯子敬卻毫無賣弄之意，甚至已經與自己合榻對飲，他還是淡定地坐在面前，不急於表白忠心，也不急於闡述主張，孫權幾乎要產生錯覺，莫非是他孫仲謀來到了這裡，向這位魯子敬乞求一官半職。

非常之人，當有非常之謀！更何況以周公瑾的智慧，斷不會找一個呆子來戲弄我！

孫權沉思片刻，斟酌用詞，他慢吞吞地說：「如今漢室傾危，四方雲擾，我繼承了父兄的餘業，很想如春秋亂世之際的齊桓公、晉文公那樣有一番作為，先生既然來了，就教教我吧？」

魯肅聽了這一堆話，只是搖頭。孫權急了，先生搖頭是什麼意思？

搖頭就是不行嘛！

魯肅端正坐姿，一本正經說了一句話：「這件事，恐怕我是愛莫能助！」孫權急了：愛莫能助又是什麼意思？你大老遠跑過來，坐在我孫權的榻上又吃又喝，就為了來說一句「愛莫能助」？

魯肅還給孫權解釋為什麼愛莫能助：「春秋那時節，天子雖然衰微，可是沒有強大的權臣。所以齊桓公、晉文公能夠尊王攘夷，可是現如今不行！」

魯肅說到這裡，又扯到西漢初年：「當年高帝（劉邦）為什麼不能做齊桓公、晉文公，因為有項羽！如今的天下大勢，和高帝當年擦話不多。」

魯肅問孫權：可知道今之項羽是誰？」

「今之項羽——莫非是曹操？」

「然也！」

「那又當如何？」

魯肅說，既然不能做齊桓公、晉文公，那就沒辦法，只好做漢高帝（劉邦）了！孫權幾乎不能相信自己的耳朵，什麼？

魯肅說，做漢高帝（劉邦）啊，這是他們逼得，沒辦法的辦法。

孫權一時頭腦有些轉不過彎來，現下的孫權，不過是個江東六郡的割據者，而且地位不穩，眼前這個比他大八、九歲的書生，卻一張嘴，跟他說什麼做漢高帝（劉邦）？

孫權的第一反應是：此人已經瘋了。

魯肅並沒有瘋，他的思路清晰無比，他告訴孫權：「漢室不可復興，曹操也不是孫權一下子就能消滅的！」孫權想，你這話沒錯，卻是十足的廢話！

可是魯肅接下來就告訴他這不是廢話。既然「漢室不可復興，曹操不可卒除」，孫權該怎麼做呢？魯肅認為，他應該「鼎足江東，以觀天下之釁」，但這個「觀」不是消極的觀望，而是積極地經營。如何營運？北方的曹操正和袁紹打得不可開交，無論誰取勝，平定中原，都不是一年、兩年的事。在此期間，孫權恰好做一件事。什麼事呢？不是北伐，而是向西！

江東的西方，是劉表的荊州，再往西，是劉璋統治的益州。奪取這兩州的難度，顯然小於北伐曹操，況且，一旦奪下荊州和益州，整個長江天險便在孫權的手中，據守這片遼闊土地，進可以討伐中原，退可以稱王江東，這和當年漢高帝劉邦占據關中為根據地，進軍中原與項羽逐鹿天下，完全是一個道理！

東起江東，西到西川，竟長江所極，據而有之，然後建號帝王以圖天下，這便是魯肅為孫權規劃的天下霸業藍圖。這份藍圖，將中國的南方半壁江山囊括其中，如果得以實現，那麼南北朝時代就將提前到來。

時為西元 200 年的秋天，距離孔明為劉備規劃天下三分的藍圖，將近七年。當魯肅與孫權合榻對飲、規劃天下霸業藍圖，諸葛亮尚在南陽高臥其歌，至於劉備，更在官渡的河北軍陣中為袁紹的天下謀劃。

魯肅規劃的這霸業藍圖固然誘人，對於當下的孫權來說，卻只是一張畫餅，只聞其香，不能填飽肚子。孫權現在要考慮的，還是如今怎麼管理好江東。

不過，魯肅的話足以激動孫權年輕的心，畢竟他二十歲都不曾滿，當下的任務是保守江東，五年之後呢，他的目光該不該投向荊州？十年之後呢，他的目光該不該投向益州？在魯肅進言之前，孫權一直為如何接管好江東而煩惱，如今孫權的心卻豁然開朗了，天下不僅僅是江東而已，荊州、益州，還有中原……江東，只是第一步而已！

這意味著什麼呢？魯肅退下後，孫權回味著他的餘音，忽然之間他明白了：這意味著他可以超越父兄，不錯，江東基業是兄長孫策留下來給他的，可是如果再拿下了荊州、益州乃至天下呢！

這將是孫仲謀的天下野望！孫權興奮地起身，凝望窗外，已經是亥時人定，但是孫仲謀的心中，卻是旭日冉冉東昇的景象。

第二天一大早，孫權把周瑜、張昭找來，打算和他們聊聊魯肅的天下藍圖是否可行。

周瑜與張昭進來的時候，一臉嚴肅。

周瑜說：「朝廷的欽差來了，已經抵達吳郡！」孫權說好啊，那就見見唄！

張昭立刻提醒孫權，對待這件事，千萬馬虎不得！朝廷對江東的態度，尚不明朗，欽差帶來的聖旨，是恩准孫權接替孫策、掌管江東，還是另派其人，不得而知。

張昭說：如果朝廷恩准接替孫策、掌管江東，那自然是萬事大吉，如若不然，便需採取特別的行動。孫權詫異，如果朝廷不准，我們又能採取什麼辦法呢？難道殺了欽差不成？

周瑜接過話茬，殺倒不必，不過一旦如此，我們就必須如此如此。周瑜所說的如此如此，其實就是脅迫欽差，讓他按照江東的意思宣讀聖旨。

關鍵在於，只要諸文武聽到欽差口中念出來的是讓孫權接替吳侯云云，孫權便取得了在江東行使權力的合法地位。至於聖旨上究竟寫了什麼，倒是次要的，因為聖旨不是一般人能看的。

周瑜又說，他已經封鎖了欽差南下的消息，目下只有少數幾個人知曉此事。

那麼，欽差是何人呢？張昭露出微妙的神情，他告訴孫權，這一會來的，卻是一個老相識。

孫權糊塗了，我們在朝廷裡有什麼老相識麼？

17. 故人來訪

朝廷的欽差抵達吳郡是建安五年的初冬，其時江東的天氣還未變冷，甚至還有開花的樹，人稱小陽春。孫權的心中，也是忐忑不安，不知這位欽差，會不會給他帶來溫暖如春的好消息。

此次擔任欽差的人物，果然如張昭所言，是江東的老相識。他便是張紘。張紘此來，帶了兩份文書，一份是關於孫權的，一份是關於自己的。

在正式宣讀聖旨之前，張昭曾祕密拜訪張紘，希望多少套點內容出來，至少是凶是吉，心裡有個數。張紘卻很不買老朋友的帳，擺出一副公事公辦的面孔，對張昭說：「聖旨豈是可以隨便看的！」他告訴張昭，其實他也沒看過內容，聖旨的封帶封印都是完好無損，不信你看看。

張昭氣歪了鼻子，一句話沒說就回來了，他告訴孫權，原來張子綱已經變心了，他如今以朝廷命官自居，根本不念舊情。孫權倒是很鎮定，他問張昭：「張子綱的表情如何？」

張昭說，許都的夥食不錯，這傢伙紅光滿面的，表情麼，看上去很平靜，我發怒的時候，他就跟沒事人似的。孫權看看周瑜，兩人露出會心的微笑，弄得張昭一頭霧水。

周瑜說，既然如此，我們也放寬心好了。

周瑜的理由是：張紘身為欽差，自然不能透露聖旨給我們知道。但是他畢竟是江東出去的，又是先大將（孫策）看重的人，不會真的不念舊情。如果聖旨內容對江東不利，他的臉上必然會顯現出憂慮表情，如今他鎮定自若，說明沒什麼問題。

張昭反駁說，萬一他真的不念舊情，怎麼辦？

周瑜笑，張子綱何等聰明人，如果聖旨內容對江東不利，這個欽差當得可就危險了！他就算為自己考慮，也得掂掂分量。既然他來了，又那麼若無其事，我看問題不大！張昭還是半信半疑，他聽說，朝廷似乎給張紘委派了一個地方官的職務，我看張紘是被收買了。

為了迎接聖使，孫權隆重其事地沐浴、焚香、更衣，這才接見欽差張紘。當著張昭、周瑜、程普、韓當等一班文武的面，張紘宣讀朝廷的聖旨。

心中沒底的張昭多少有點緊張，至於周瑜，其實——雖然做了樂觀的猜想，他還是在帳後埋伏了一批刀斧手——以備萬一。對於江東而言，這的確是一個極其重要的時刻。雖然說朝廷的權威，早已經日落西山。可是一個合法的權力認定，可以減去很多麻煩。對於孫權來說，目下最擔心的就是有人利用朝廷的名義否認他的合法地位，掀起一場戰亂。

其實孫權等人所不知道的內情是：當孫策遇害的消息傳到許都，曹操的第一個反應是要藉此機會討伐江東，解除後患。不知是什麼用意，曹操曾經把這個意思透露給來自江東的張紘，是覺得張紘對江東比較熟悉，因此垂問，還是他根本就不信任張紘，打算測試他是否對朝廷忠誠？

張紘不顧嫌疑說：「利用別人的喪事，不符合道義，有損朝廷的形象。何況江東本來是忠於朝廷的，一旦不能攻克，反而化友為敵。」

曹操說，那按你的意思，該怎麼處理江東問題？張紘說，厚待孫權，以德服人，漸漸地收攬人心，不戰而勝。

曹操說，這樣有用嗎？張紘說，據我所知，張昭這些文官，早已嚮往朝廷，只有周瑜那些人，死心塌地追隨孫氏，如果朝廷下點功夫，像荊州那樣，一定會收到良好效果。

這句話打動了曹操，對荊州，曹操下了大力氣拉攏劉表的部下，許多文武，都親近朝廷。這一次官渡之戰前夕，聽說劉表有意與袁紹勾結，曹操立刻派人發動荊州南部，結果長沙、零陵、桂陽三個郡連兵起義，在荊州的後院燃起一把大火，這也是劉表無法配合袁紹為曹操添亂的最主要原因。

如果按照荊州模式，對江東同樣實施公關工作，從內部瓦解他們，對於正全力以赴對付袁紹的曹操來說，的確是個不錯的主意。於是曹操最終被張紘說服，上表推薦孫權擔任討虜將軍、會稽太守，又任命張紘為會稽東部都尉，輔助孫權，並相機而動，實施內部公關工作。

其實，曹操這是讓張紘做臥底，策反孫權的部下。但這是曹操的單相思而已，南下的路上，張紘的心早已經飛回了江東，他怎麼可能真的為曹操做臥底呢？

想到這一點，張紘面露微笑，隨著他讀完聖旨，張昭、周瑜等人終於也鬆了一口氣，帳後的刀斧手可以撤了，孫權心頭的一塊大石頭也落了地。

可是怎麼沒有提到吳侯爵位的繼承問題呢？對於這個細節，一般人都會忽略，可是年輕的孫權卻敏銳地察覺到了，對於江東，曹操畢竟還是留了一手。

宣讀聖旨後兩天，孫權的母親吳夫人說要見見張紘。

主賓落座，寒暄了幾句話之後，吳夫人便直奔主題。「張校尉今後有什麼打算？」

張紘聽夫人稱他為校尉，眼眶一紅，當初在孫策部下，他的職務就是正議校尉，夫人這麼稱呼他，意味著她還是把張紘當做自己人。

「我麼，是個隨波逐流的人。」

「隨波逐流麼，怎麼講？」這回答讓吳夫人和孫權都很有些詫異。

張紘解釋說，他說當初他本來想輔佐孫策，可是一趟出使，卻讓曹操把他留下了，於是他想效忠朝廷，但曹操又不給他機會，這不，又回到了江東。

說起當下，張紘一臉苦笑，如今他是兩邊不討好，曹操那邊，總以為他是江東的人，江東這邊呢，又把他當做是朝廷派來的臥底。張紘的話並非簡單的發牢騷，就在昨天，還有不少人向孫權進言，說張紘此次回江東，是來者不善善者不來。

這些情形，其實吳夫人也知道，孫權以為母親會因此安慰張紘幾句，可是母親卻板起臉來：「張校尉，這可不像是你啊？」

這會輪到張紘不明白了。

「張校尉抱怨別人不理解自己的心意，這是實情。可是，為什麼你不能向別人袒露自己的心意呢！人生，不就是如此麼？」

張紘吃驚地聽見吳夫人說：「張校尉，我請你與張子布一起輔助仲謀，他畢竟太年輕了，有很多事，需要你的提醒！」

接著一邊的孫權也開口說：「張校尉，朝廷任命你的職務，是會稽東部都尉，請你明天就去上任吧！」

來此之前，還有人懷疑張紘一旦就任會稽東部都尉，就會在孫權的後方積極策反，等待機會成熟，也就是曹操南下的時候，張紘便從孫權的背後給他一刀，來個裡應外合。孫權讓張紘出任會稽東部都尉，意在向眾人顯示他對張紘的充分信任。

「之後，再請子綱回到吳郡，參與軍機謀劃。」

張紘不禁淚落眼眶，孫權不禁信任自己，還做了周密的安排，為他重返軍師職位鋪平道路，如此用心，這樣的一個年輕人，豈不令人對他刮目相看？

對孫權一見傾心的，又何止張紘一個，回到私宅的魯肅，突然發現家裡不知何時，添置了許多衣服、幃帳以及各色做工考究的家居用品。

魯肅問他的老母親：「這些物品，從何而來？」母親說：「是周瑜送來的。」

「哦，是公瑾麼？」

「他說，是討虜將軍命他為我們家添置的。他還說，還有一些物品，一時準備不齊，過幾天再送來。」

魯肅想：原來是主公！

幾日前，有人告訴魯肅，他在江東的前途，恐怕是渺茫無希望了。

「為何？」魯肅還沉醉在與孫權對飲敘談理想的餘音之中。

「張子布很不喜歡你，他在將軍前說了你不少壞話，什麼年少輕狂、粗疏亂語等等。」

魯肅默然，張昭是江東的首席謀臣，自己為張昭所厭惡，看來他在江東的前途，真的是渺茫無希望了。但是就在魯肅將要失去希望、悵然升起放棄念頭的時刻，孫權卻命人送來這些家居物品，顯然，他絕非隨意動作。

「子敬，送你這些家居，是希望你在江東安頓下來，適當時候，自然會重用閣下！」

魯肅體會孫權的用意，難道就是這個意思麼？

說起張昭，他為什麼這麼厭惡魯肅呢？說實話，就連張昭自己，也不太能說得清。是嫉妒心作祟麼？張昭怎麼也不能接受這一點，難道說身為江東第一文官、首席輔臣的張子布，會嫉妒一個三十歲不到的年輕文人麼？當然不！

後來張昭想明白了，他之所以厭惡魯肅，是一種擔心使然。他擔心什麼呢？他擔心的是：魯肅這樣的年輕人，會將一種好高騖遠的情緒感染給更加年輕的孫權，不切實際地做一些事，將江東帶向莫測的方向。

是的，張昭認為，他有責任防止這種情況的發生。孫策在臨終之前，把輔佐孫權、守護江東的重任交給了他張子布，不就是看中了張昭的老成持重、周密謹慎麼？想到這裡，張昭的責任感油然而生。

「我之所以討厭魯肅，是為了江東和孫仲謀，豈是為了一己之忿！」張昭自言自語。

次日張昭和往常一樣旁若無人地入府，想和孫權聊聊他對魯肅的看法。但是孫權不在府中，府中吏回答說：「將軍出去打獵了？」

張昭幾乎不能相信自己的耳朵。

18. 江東豪傑

孫策因游獵而遇刺身亡，不過幾個月而已，孫權居然又迷戀上了游獵，悲劇難道要一再重演麼？況且江東政局未定，孫權有什麼理由，放下繁重的政務不管，沉迷於玩樂？

這日一大早張昭便守候在討虜將軍府前，他決心全力勸阻，必要時不惜以死相諫。

「張長史為何在此？」

孫權意氣奮發地策馬出府，意外地看到張昭，不禁一愣。

張昭大步向前，攔在馬前說：「將軍可是要出去狩獵？」

「狩獵嘛……」孫權顯然有些意外，但是很快反應過來，哈哈大笑說，「不錯，的確是狩獵！」張昭大怒：「將軍忘了丹徒麼？」

孫權愕然。

張昭捲起袍袖，唾沫飛濺，從當下說起，近說到孫權的父兄孫堅、孫策，遠提到后羿（東夷首領，因沉溺打獵而喪命）、商紂王，古今貫通加上理論結合實際，簡直將孫權罵了個狗血噴頭。

孫權欣賞著張昭的慷慨激昂，等他說完，才不緊不慢地說：

「長史誤會了，我雖然是出去狩獵，卻不是飛鷹走犬、逐鹿射兔，而是獵取人才！」

孫權告訴張昭，他這幾日拜訪地方賢俊，尋找隱逸其中的人才，已經有所發現。

第一個發現，是諸葛瑾。

諸葛瑾，字子瑜，出自琅邪諸葛家族，先祖諸葛豐，做過司隸校尉（相當於北京衛戍軍區司令），也算是名門子弟。因為父親早死，他帶著弟弟諸葛亮等一家人投奔叔父諸葛玄。五年前，諸葛玄被任命為豫章太守，弟弟諸葛亮等都跟隨叔父去了豫章，可是諸葛瑾卻沒有隨行，而是來到了江東。

世事如煙，不堪回首。諸葛玄後來被驅逐，失去太守職位，只能流亡荊州，投奔老朋友劉表，不久病故。從此諸葛瑾再也沒有聽說過弟弟諸葛亮及其他族人的消息。

一個偶然的機會，諸葛瑾與孫權的姐婿在曲阿相遇，交談之下，對諸葛瑾大為賞識，因此推薦給孫權。孫權會晤諸葛瑾，頓時生出相見恨晚之感。

於是諸葛瑾成了孫權「獵人才」的第一個戰利品。

第二個發現，是在會稽的一片瓜田裡，獵取了步騭。

步騭，字子山，也是避難江東的江淮人士，單身隱居在會稽郡，因為貧困，只能以種瓜謀生。當時會稽有個豪強焦征羌，橫行鄉里，有道是強龍不壓地頭蛇，步伐山為了生存，只能向焦征羌送禮。

送什麼呢？步伐山一無所有，只有地裡幾個瓜可送。於是步伐山帶著自己種的瓜，獻給焦地頭做見面禮。焦地頭哪看得中這幾個瓜，躺在榻上根本不待見步伐山等人。步伐山在門外苦等，同去的朋友看不下去了：「焦地頭欺人太甚！」勸步伐山離開。

步伐山不走：「我們是為了什麼來這裡呢？」

「與焦征羌結交。」

「既然是為了來討好他，為什麼又生氣離開，這樣做，豈不是把事情搞得更糟！」

「話雖如此，但士可殺不可辱，他也太欺負人了！」

正當爭論之時，焦征羌卻傳話下來，要請步伐山一行人吃飯。

那就吃吧，但是等到開飯，才知道原來是更大的羞辱。焦征羌自己坐在帳中，山珍海味享用著，而步伐山一行人，卻被安排在門外的空地上，每人面前一張小桌子，一小盤飯、幾樣蔬菜而已。

「可惡！」朋友們幾乎要掀翻檯子，卻被步伐山阻攔。

「我們也不過送人幾個瓜，吃點蔬菜，不是合情合理麼？」

步伐山神色自若，大口將飯菜一掃而光，然後極有禮貌的告辭離開。

說來奇怪，此後，焦征羌再也沒有找過步伐山的麻煩。

這個種瓜人的故事，激發了孫權的興趣，他在會稽會晤步伐山，這才發現，這個種瓜人，其實儀表堂堂。

「焦征羌如此羞辱你，為何不殺了他，這才是男子漢的作風吧！」

「人情世故，總是鄙視窮困。步騭無能，所以貧賤。既然貧賤，焦征羌鄙視步騭，也合乎人情，不算是羞辱吧！」

「說來說去，你是害怕焦征羌！」

「這話不對，我因為貧賤而被焦征羌看不起，我的敵人是貧賤而不是焦征羌，我為什麼要殺焦征羌，我應該打敗貧賤才是！」

「說得好啊！」

於是步騭成了孫權「獵人才」的第二個戰利品。

然而令孫權苦惱的是：雖然他成功地獵取了諸葛瑾、步騭等人，可是他們都是來自北方、流亡江東的異地人才，孫氏要扎根江東，還是要取得江東本土俊傑的支持才行，可是江東本土大族除了與孫氏關係密切的朱氏家族之外，幾乎針插不進、水潑不進。

如今孫權的討虜將軍府中，依舊是清一色的外來人口：

張昭：徐州彭城（今江蘇徐州）人；

諸葛瑾：徐州琅邪（今山東諸城）人；

步騭：徐州臨淮淮陰（今江蘇淮陰西北）人；

張紘：徐州廣陵（今江蘇揚州）人；

嚴畯：徐州彭城（今江蘇徐州）人。

甚至武將序列中，也很少本地菁英：

周瑜：揚州廬江舒縣（今安徽廬江西）人；

程普：幽州右北平土垠（今河北豐潤東）人；

韓當：幽州遼西令支（今河北遷安）人；

黃蓋：荊州零陵泉陵（今湖南永州）人；

太史慈：青州東萊黃縣（今山東龍口）人。

其餘眾小將，如周泰是九江下蔡（今安徽鳳臺）人，蔣欽是九江壽春（今安徽壽縣）人，陳武是廬江松滋（今安徽宿松）人，徐盛是琅邪莒縣（今山東莒縣）人，潘璋是東郡發干（今河南濮陽）人。

算起來只有吳郡太守朱治是丹楊故鄣（今浙江安吉）人，虞翻和小將凌操是吳郡餘杭人、董襲是會稽餘姚（今浙江餘姚）人，屬於江東本地俊傑。在整個孫氏陣營中人數未免太過單薄。

如果說當初孫策志在天下，江東俊傑的缺席可以忽略。那麼如今志在的孫權如果仍然得不到江東人的支持，實在是無可諒解。

雖然孫權年少，但也明白單憑一群外來流亡之士是無法長期統治江東。

「孫權的江東之志，就從選拔本土之英傑開始吧！」

19. 少年族長

吳郡東部有個婁縣，雲間在婁縣境內，有低矮的山丘，往東南方向去，便是海。海風吹拂著孫仲謀的面龐，二十歲的他已經頗有些鬚髯，因為色澤略有些偏紅泛紫，親近之人多戲稱他為「紫髯」。

「紫髯」在吳郡一帶尋訪已有多時，誠如他對張昭所言，他是來獵取人傑的。數日以來的巡遊並非毫無目的地漫遊，而是漸漸地鎖定了目標⋯⋯

這便是江東首屈一指的士族大家雲間陸氏。

陸家是江東的大族，可是追根究柢其實也來自北方。戰國時期，齊宣王的兒子田通受封於平原陸鄉，從此以封地為姓。傳承五世到陸賈，正值楚漢相爭，學問通融百家、口才出色的陸賈成了劉邦的謀士之一，此後歷經惠帝、文帝時代，他都是大漢帝國的外交重臣，二度出使南越國，成功化解南越危機。

陸賈有個兒子叫陸烈，曾經在吳縣做縣令，因為深得民心，在死後被吳人迎葬於吳地胥屏亭，陸烈的後代也從此在江東定居下來。

百年之後，當年的移民家族陸氏已經成為江東的土著大姓。然而令孫權最感興趣的一點卻不是這個家族究竟如何龐大，而是雲間陸氏的族長居然也是一個年輕人，算起年紀僅僅比孫權年長一歲而已。而追溯他擔任族長時的年齡，竟然只有十二歲而已。

這位堪稱吳郡陸家史上最年輕族長的男子便是陸議（字伯言）。像他這樣的世家子弟，本可以順風順水地度過人生，然而命運卻令他十九歲的人生充滿荊棘，十歲喪父，投奔時任廬江太守的從祖、當時的族長陸康。陸康實在待他很好，供給衣食、讓他與自己的兒子陸績一起讀書，更時常把他叫到書房，給他殷切的教誨。

「我們陸家，自從漢初南遷江東以後，世代是江東的人望，這並不是因為我們有多大的勢力，而是因為我們世代堅持自我鍾鍊、不敢懈怠，所以極少紈褲子弟，如松柏長青，直至今日！」

陸康有時又會很嚴厲：「你失去了父親的慈愛，那又如何？上天不會因你失去父親而特別憐憫你，你卻要因此更加鍾鍊自己，使自己堅強，這才無愧於陸家的子孫。若是終日怨天尤人、自我悲戚，便如秋天的落葉，被狂風捲去，無處尋覓！」

年近七十的陸康，每日堅持射箭、舞劍，處理政務之後，又到書房，手不釋卷。

「古代的士大夫，通曉六藝，所謂禮、樂、射、御、書、數，一樣不廢。如今的士大夫，讀書不通，射術不精，只知相互吹捧，奉承上司、欺壓良善、酒池肉林、狎妓玩樂，倒是無師自通。我們並非中原的袁家，平步青雲給你三公做……上馬能騎射，下馬能成章，讀書不倦、百步穿楊，文武之道一張一弛，陸家的子孫，不能仿效豪門的醉生夢死，如今亂世將至，更不能懈怠！」

即便是讀書，陸康也不僅僅讓兒孫專讀《論語》、《春秋》（這是當時最熱門的學問，是打通仕途、名聞天下的金磚，可謂「學好《春秋》與《論語》，走遍天下都不怕！」），更讓他們廣泛涉獵兵書、星象、曆法、算術等等（陸康的兒子陸績，後來就以博學聞名，曾作〈渾天圖〉、《易經註解》，流傳於當時，後來毀於戰亂，失傳）。

當袁術派使臣來借糧時，有人勸陸康多少借一點，以免招惹禍害。

陸康不以為然，他認為盧江這塊肥肉既然已經被袁術看中，就沒有放過的道理。就算陸康狠下心來，從老百姓的口糧中搜刮下一半給袁術，他也不會就此滿足，必然再來索取，到最後，盧江的百姓如何得活？

與其把糧食餵飽敵人來攻打自己，倒不如把糧食留在自己口袋裡，一旦城池被包圍，艱苦的持久戰，這些糧食就意味著存活的可能。

因此，陸康一面向朝廷上表，報告袁術的狼子野心，一面加固城牆，防備袁術的進攻。

「即使袁術用兵，我又有何懼？盧江的城防，加上上下齊心，攻人不足，自守有餘！」

但是出乎意料，袁術沒有來，孫策卻來了。

「沒想到是故人之子？」

對於陸康來說，孫家並不陌生。孫策的父親孫堅，也是江東出身。當年陸康的姪兒在宜春做縣長，遭遇叛軍的圍攻，是孫堅帶兵馳援，擊潰叛軍，解了宜春之圍。

孫堅是公認的猛將，他的兒子孫策雖然年幼，卻有乃父之風，只是可惜，如今居然以敵將的身分來見。

當夜，陸康在書房裡想了很久，第二天，他把一些年輕的屬官召來，讓他們放假。

「公務雖然繁忙，按期休假也是朝廷的法度，我疏忽了這一點，實在抱歉。現在給各位一月的休假，各自回鄉去吧！」

「陸公，聽說袁術要來攻打盧江，我等這麼能在此時離開呢？」

「不過是些謠言罷了，聽說袁術與他的兄長袁紹交惡，我看一時半會兒他是顧不上盧江了！」

屬官們離去之後，陸康又把陸議喊到書房：「在兒孫輩中，你的年歲最長，見識也超過他人，我現在命你帶著家族中婦孺回江東，可明白麼？」

「祖父大人不回去麼？」

「我是朝廷任命的廬江太守，怎能輕易離開……休要多問，照我的意思辦就是了！」

其實陸康的用意，十分明顯，他遣歸臣僚及家族中的年輕人，是希望為這些家庭留下希望，而他自己，已經下了與廬江同存亡的決心。

陸議雖然年幼，卻也聽出了祖父話中的訣別之意，他淚流滿面，不願離開。

「這便是亂世的人生，何需悲傷！」

雖是這麼說，陸康的臉上，也不禁老淚縱橫。陸議等離開之後，陸康在城中公示，告知敵人將至，欲避此難者，速離此城。

「到處是殺人放火，哪裡又是樂土？我等是廬江人，何需離開！」

「不要嘴硬，好似不如賴活，等戰爭結束也可以回來！」

想走的都走了，留下的都是心堅如鐵的人，廬江的兵本來不多，但現在所有留下的人都成了兵，加上充足的糧食，力量不容小視！陸家也只是走了婦孺，留下的多達百餘口，是家族的全部成年男丁和部分不願走的婦女。

孫策的兵不久便到了，廬江城很快被圍得水洩不通。孫策射書進城說：「陸公擅長治理地方、安撫百姓，短於軍事，不如委城而走，策必讓出一條道路，成全鄉故情誼！」

陸康大笑，他回信說：「老夫已經七十歲了，史書上有七十歲的降敵太守麼？」

廬江城守了兩年，許多休假的官吏、外出的廬江人都偷越戰線回城抗敵，當糧草漸近，陸康病重，人人都把希望寄託在朝廷和友鄰的救援上。然而廬江人所不知的是：長安的朝廷，自身難保，漢獻帝在涼州軍人的挾持之下形同囚犯，長安的米價炒到了一斛米五十萬錢。友鄰呢？近處，九江已經落入袁術之手，朝廷任命的揚州刺史劉繇無法去州政府所在地壽春上任，只能到長江南岸避難。遠方，曹操正和呂布大打出手，陶謙奄奄一息，劉備在床前哭哭啼啼……

當時陸議已經帶著婦孺回到江東，聽聞城破噩耗，雲間正是海風咆哮的季節，來自東南海域的大風攜來大量降水，狂瀉在雲間的土地上。陸議策馬在風雨中狂奔，直到海邊，他躍身下馬，揮舞著手中馬鞭，擊打著洶湧的波浪。

「蒼天，你何其不公！良善正直的，你便去作弄他、禍害他，邪惡奸佞之輩，你卻奉迎庇護，你如此不公，何為蒼天！」

陸績拍馬隨後趕到，從身後抱住陸議：「你忘了父親身前所言麼，蒼天，無所謂公正，所謂公正，只在人心罷了！蒼天不會賜人以公正，人唯有自己去爭取！父親雖然死了，可是死如其所，大漢史冊上，有幾個太守，能如父親那樣重如泰山地死去！」

「你說得那麼好，可是有什麼用，我們陸家的長輩，全部死在了廬江，或戰死，或餓死，那麼慘，是為了什麼？」

「這就是亂世，如果一切都能得到解釋，那還是什麼亂世！」

「亂世麼！太平時節，橫行官場的不也是那些邪惡奸佞之輩，究竟什麼世道，才是真正的盛世？」

風雨中，兩個少年的臉上流水如川，分不清是雨水還是淚水，他們的叫喊，也漸漸淹沒在雨聲中，聽不清楚！

建安五年的深秋，一行人馬進入婁縣縣城，正是巡視各縣的孫權等人。

「陸家聚居在華亭、雲間一帶麼？」

「正是本縣境內！」

「當下是誰執掌陸家？」

「陸家的長輩都死在了廬江，如今陸家輩分最高的是陸康之子陸績，但他的歲數比他的姪兒還小些，所以把族長之位讓給了姪兒陸議。」

「哦，也是個年輕人。比我還小兩歲，當家不易啊！」

油然而生的感慨，與其說是再感慨陸議，倒不如是在說孫權自己。同樣是年少當家的孫仲謀，忽然產生了想見一見陸議的衝動。

因為張昭不在身邊，孫權可以自作主張，他雷厲風行地立刻派人到雲間召見陸議。

孫權的魯莽立刻在雲間陸家引起軒然大波，其時陸議正在書房讀書，聽聞此報，立刻把族人找來商量。

剛一說出話題，立即有人大喊：「見他作甚，不如裝病，不去便是！」

「裝病便是示弱，見他又何妨？」

「還是不要理睬，晾在一邊為好！」

都是年輕人，血氣方剛，有人提出：「要我說，現在倒是個好機會，聽說婁縣城裡兵不多，不如我們集結家丁，殺他個措手不及！」

陸議把目光投向陸績，徵求他的意見。

「聽說孫仲謀這個人，與他的父兄不同，我倒覺得不妨去看看。」

「什麼話，你是不是要做他的部屬？小子你忘了廬江的仇恨麼！」

「孫氏占領江東，已是定局。人在屋簷下，怎能不低頭？」

「且慢，說不定這是一個圈套，目的在於誘殺我等！」

「要殺我們，早就千軍萬馬過來了，還誘什麼殺！」

七嘴八舌的議論，令陸議感到煩躁，他霍的起身：

「不必多言，我已經決定了！」

陸議環顧眾人，他們都是廬江劫難的逃生者，也是家族的未來。若因為拒絕孫權的接見而招來兵馬，雲間便是一片塵土，祖父陸康當年的囑咐便一切成空。

「我當一人去赴此約」陸議對陸績道，「如果被殺……家族便交給你，是逃是留，你來決斷！」

陸議揮袖而起，然而就在這一刻他突然想起一點：廬江劫難之際，他帶著族人們逃回了江東；然而倘若這次自己被殺，陸績又該帶著族人逃往何處呢？

第四章 復仇與試煉

很多人奇怪為何我與陸伯言一見如故？是的，我們之間隔閡著家族的紛爭與仇恨。然而亂世之間有太多恨，恨多了，也就不足為怪。

據說陸伯言早年喪父、十二歲便挑起了家族的重擔，我何嘗不是如此？父兄的相繼猝亡，十九歲擔起江東基業，很少有人能明白陸伯言的悲哀與堅韌，同樣也鮮有人理解孫仲謀的無奈與頑強，既然如此，何不惺惺相惜！

——孫仲謀的獨白

20. 孤兒之路

陸議走過長廊，引路人為他推開長廊盡頭的房門：「請在此稍候！」說罷引路人轉身離去，陸議打量著這房間，簡單的陳設，卻還乾淨素雅。

屋內並不止陸議一人而已，窗邊站著一人，他背對著陸議，所以陸議看不見他的臉，可是聽聲音，也是個年輕人，聽口音，是吳、會一帶出身。

「也是來晉見將軍的麼？」

聽他這意思，他亦是召來見孫權的。但是以背示人，未免太失禮。

「是！」陸議謹慎地回答。

「以前沒見過將軍吧？」此人繼續無禮地以背示人，卻又過分地好奇。

「不曾見過！」

「將軍是個話不多的人，與他說話，盡量要簡明扼要，才會得到他的欣賞！」此人話又甚多。

「哦！」

「若是嘮嘮叨叨、不知所云，便會被將軍厭惡，將軍乃是善於知人之主。」

「哦，若是善於知人，倒是為主公者難得的長處！」

「將軍召閣下前來，想必閣下頗有才華！」

「人各有其能，在於如何使用而已！」

「閣下所言甚是，聽閣下的口音，似是本縣人氏？」

「這判斷倒也不錯！」

「本縣名士，陸家號稱望族世家，閣下莫非姓陸？」

「在下正是陸議！」陸議心中突起疑竇，「閣下是…」

「我的名號並不重要……重要的是，閣下到這裡來，雖然是應將軍的召見，可是心中一定也懷揣自己的目的吧？」

「這個麼……倒也無需隱瞞，在下想知曉討虜將軍乃是何等的人物？」

「呵呵，閣下到也坦白，不過也夠奇怪，到此地來晉見將軍的士大夫絡繹不絕，都滔滔不絕述說自己的平生抱負，企望得到青睞！而閣下，只想知曉討虜將軍乃是何等的人物麼？」

陸議不語，他沒必要對這奇怪的陌生人有問必答。

「哦，閣下不說，我其實也猜出幾分，知曉討虜將軍乃是何等的人物麼，乃是閣下的第一步，其後應該是……」此人自言自語，完全陶醉在自我的推斷之中，「明白了，若此人不堪，便捨棄他！若此人才器堪為一代雄主，便輔佐他，這也是順其自然的想法啊！」

「這些話可都是先生自言自語而已！」

「是啊，不錯，其實在下也有苦思不得其解的問題，不如閣下可能破解？」

「議非智者，恐不能解？」

此人完全不顧陸議的推辭，真是令人無語。他說：「就如這位討虜將軍，弱冠之年，論資質實在一般，才學也不過中等而已，雖然有一點治國的理想、恢復天下太平的抱負，可是不知從何處入手，似這樣一位討虜將軍，究竟是輔佐他好呢，還是拋棄他為妙？」

陸議一愣。

「若是如閣下所言，此君有向善平亂之心，雖然才器稍遜，如能容人之短、伸人之長，知民之艱辛、得一方之人望，未嘗不能成為一位明君！」

陸議說完，便後悔自己的冒失多言，這莫非是一個圈套？

不過，什麼也沒有發生。屋內依舊是他們兩個。

「原來如此！不過，在下也略有耳聞一些恩怨曲折，聽說孫討逆曾經救援過陸氏，可是孫破虜卻因為袁術的緣故，曾經攻破廬江，與陸家結怨。恩與怨，孰輕孰重？是與非，如何道得明，卻也不是一件易事！」

這一番話，直接擊中陸議的心事，陸議完全無法回答。

「閣下不回答，誠然，這是因為閣下深陷其中，無法化解得……嗯，若是這樣說，孫破虜攻打廬江之時，乃是袁術的部將，罪魁禍首在於袁公路，如此解釋，是否可以化解兩家的心結呢？」

陸議剛想回答，此人卻擺擺手，示意他話未說完。

「唉，恐怕還是不容易，江東人乃至後人都會說：陸家的子孫，為了功名利祿而忘卻家族仇恨，世人可唾棄之！可是……若陸氏子孫不願化解，世人又會說，這些陸家的子孫，居然拘泥於短淺的私恨，捨棄了天下的大義，斷絕了家族的興旺！」

說到這裡，此人緩緩地轉過半側身體，從側面，可看見很是特別的髯，那髯是紫色的。

「哈哈，世人的議論，大抵如此！囉囉嗦嗦令人厭煩，自以為高明，卻只見其表，不見其裡！信口雌黃，翻手為雲覆手為雨，若是畏懼世人的議論而束足無為，豈不可笑！」

陸議更加懷疑：「閣下究竟是什麼人？」

「呵呵，在下已經說過，我是什麼人，與君何干？君可自思，所為何？何所為？」

年輕人撫摸著自己的紫髯，大笑而去，房間裡頓時只留下了陸議一個，回味方才的話語，只覺心潮為之澎湃！

這時，引路人進來說：「請君歸去！」

「可是，還不曾與將軍相見？」

「什麼話，方才說了半晌話！難道閣下不知與君敘談者，便是將軍本人麼？」

「什麼，他便是孫仲謀！」

「對了，這是將軍給你的留言。」

引路人遞給陸伯言一卷竹簡，陸伯言徐徐展開，竹簡上只寫了一行字：「你我皆孤兒！」

21. 這小將有點意思

一個月後，孫權正式徵召陸議入幕，擔任令史（普通的文職屬員），這只是很尋常的任命，職位也很普通無奇，可是卻引起一班老臣的強烈反應。

「江東之人不可用！」

「這是什麼話，我為江東之主，不用江東人，難道去用西羌、北狄麼？」

「可是中原的士大夫流亡寄寓在江東而不得任用的還很多，將軍應該優先考慮他們。」

「諸葛、步騭等流亡之士，我不是已經用了麼。」

「即便是要用江東之人，也不應該用陸議，須知當年廬江一戰，兩家可是結下了梁子。」

「當年廬江一戰，兄長是為袁術所遣，所謂箭在弦上不得不發，非兄長的本意。再說兩家並非只有遺憾，父親當年曾率兵救援陸家，可謂有恩於陸家。」

陸康的姪兒在宜春做縣長，遭到盜賊圍攻，多虧孫堅相救才得以解圍。這件事，老將們多少都有些記憶。

「雖然如此，就怕陸議記仇不記恩，心懷二意。藉著將軍對他的信任，尋找機會接近將軍……」

「不必說了。」

孫權明白老將的憂慮並非完全沒有道理，陸議如果真的有刺客之心，那麼徵召他入幕無疑是引狼入室。

然而，孫權決心一試。陸議今年二十一，年紀與孫權相仿。

「孤不可能永遠和一群老人治理江東！」

這便是孫權任用魯肅、陸議的理由，為了這個理由，他可以冒險。況且在孫權看來，這個險不大。

「陸伯言會是行刺之人麼？」

孫權不信，可是近侍們卻不敢怠慢，一旦陸議接近孫權，他們便抽筋似地緊張起來，按著劍柄，瞪大眼珠瞅著陸議。

想來陸議在幕府之中也頗受孤立吧！

這樣一來，反而不妙。孫權本來把陸議放在身邊，是希望有所重用，可是現如今的情勢看來，真是欲速則不達，陸議反而成了眾文武眼中的釘子，欲拔之而後快了。

「呵呵，陸伯言你真的是刺客麼？」

有一次孫權半開玩笑地問陸議，陸議回答說：

「這可說不準，一旦利劍在手，說不定真的會刺進將軍的胸膛呢！」

左右都變了顏色，誰敢這麼說呢？可是孫權大笑：

「好啊，看來孤真的不能留你在身邊了，老人們的嘮叨實在是吃不消啊！」

於是外放陸議去海昌做屯田都尉。

「海昌沒有縣令，你就兼管縣裡的大小事務好了。」孫權說，「這樣一來，我的耳根也清淨，你也可以一展抱負。」

陸議的離開讓老將們鬆了一口氣，可是孫權啟用少壯派的決心並未改變，陸議到海昌上任後不久，孫權便把所有的小將都召集起來，老將們覺得奇怪：「將軍打算帶領這些小孩子去討伐李術麼？」

所謂「小將」，就是那些年輕而兵馬較少的將校。雖然兵少，他們也自成一隊，有自己的編制，相當於獨立營、突擊隊。

然而因為年輕，難免遭到老將們的藐視：「說是小將，其實都是些小孩子罷了。」

但是孫權卻有自己的打算，他為什麼要動這些「小將」？最直接的原因，是他希望把這些小股力量集結起來，整編為有一定戰鬥力的作戰軍團。私底下不能言說的理由，則是孫權的威勢尚且不足，無法整肅韓當、黃蓋這樣的軍中大佬，所以拿小將開刀，建立威勢的同時，補充自己的實力。

在大佬與小將之間，孫權選擇了後者。

張昭一眼就看穿了孫權心中的小想法，他建議舉行一個閱兵式，讓所有的小將把自己的人馬拉出來展示一番，視其情形，再做定奪。

孫權覺得這個主意不錯。回到內庭，他打算把這事跟母親吳夫人也說說，看看母親有沒有什麼意見。母親雖然是個女流，但是為了江東的未來，這些時日以來，也常常參與軍機要事。孫權知道，母親對政治毫無興趣，她這樣做，完全是出於對自己的愛護，她是擔心孫仲謀這個小子不能勝任，所以特地旁聽，為兒子把關。

這時已經是隅中時分，一束陽光射入內庭，孫權信步而行，忽然被奪目的光攝住雙眼，幾乎不能睜開。

這光，是刀背所折射的太陽之光，但是內庭之中，又哪裡來的刀光劍影？

孫尚香收刀回鞘，笑吟吟地叫了一聲「二哥！」

孫權的這個妹子，不知道什麼時候起，愛上了舞刀弄劍，分別是弄花逗蝶的年紀，卻儼然一個少年劍士。

「這樣胡鬧，怎麼嫁得出去！」

孫權虎著臉，逗這妹子。但這妹子豈是輕易能唬住的，一切照舊。

「二哥不知道這世上有越女劍麼？」

東漢明帝、章帝時代，江東會稽有個讀書人趙長君，寫了一本《吳越春秋》，在這本書中，寫了一個越女劍的故事。故事中講述有個越女喜好擊劍之道，感悟出一套越女劍法。

「其道甚微而易，其意甚幽而深。道有門戶，亦有陰陽。開門閉戶，陰衰陽興。凡手戰之道，內實精神，外示安儀。見之似好婦，奪之似懼虎。布形候氣，與神俱往。杳之若日，偏如騰兔，追形逐影，光若彷彿，呼吸往來，不及法禁，縱橫逆順，直復不聞。斯道者，一人當百，百人當萬。」

動如脫兔、靜若處子的越女劍法，據說被越王採納，成為越國軍士的武術必修課，取得了「當世莫勝」的效果。

孫尚香把越女掛在嘴邊，意思是她喜好武藝，並不奇怪，更不是標新立異，不信有越女在前，充分說明：女流之輩，也可以舞刀弄劍！

孫權無語，其實他這個妹子容貌並不差，因為孫家的遺傳基因，便是出美人。孫堅、孫策，都是美男子，母親吳氏又是個美人，生出來的女兒怎麼可能是個醜八怪？

謙虛地說一句，與會稽史上第一美人西施相比，他這妹子也差不到哪裡去。

只是她的個性要強，母親和兄長們又寵著她，難免太過強勢了。

太強勢的女子，往往是悲劇的女主角。

孫權忽然想起一個年輕人的面龐，他覺得此人實在與孫尚香很是般配，無論年紀、才貌，甚至政治上的考慮，都堪稱妙極！

孫權把這個意思告訴母親，吳夫人倒也同意。

不想這話，卻被孫尚香無意中聽到，雖是聽不清對方的姓名，卻知道了是要將自己出嫁。

在孫尚香看來，出嫁這件事，可真是煩人，遠不如練劍那麼愜意自在。

閱兵的日子很快到來，孫權親自檢閱，張昭、周瑜自然要陪同，就連母親也欣然到場，孫權以為這一定是孫尚香的傑作，因為母親的到場，她順理成章地也陪同前來，護在吳夫人身邊。

老實說，這是一場並不好看的閱兵式，諸小將的兵少而雜，稀稀拉拉、服色不一，這正在孫權的意料之中，他可以合併人馬，該撤的撤，該並的並。

然而，其中一支人馬引起了孫權等人的關注，這支人馬雖然數量不多，但是統一穿著絳紅的戰袍，精神抖擻，非同一般！

「這是誰的隊伍？」

張昭忙不迭說：「別部司馬呂蒙。」

看得出，孫權格外欣賞呂蒙這員小將。這令張昭心中歡喜，自從周瑜推薦的魯肅得到孫權格外看重以來，張昭一直以自己所薦之人不受青睞而遺憾。如今這呂蒙，卻是張昭當日推薦給孫策的人物。

正是在張昭的力薦之下，呂蒙接替戰死沙場的姐夫鄧當做了別部司馬。

「哈哈，這小將有點意思！」孫權對妹子孫尚香說。但孫尚香努了努嘴，似乎並不以為然。但是孫權這句話，卻讓孫尚香產生了聯想，難道說兄長為她相中的夫婿，就是這個呂蒙麼？

於是，莫名地，孫尚香便十分討厭這個叫做呂蒙的傢伙。

22. 與狐鬥智

孫尚香不喜歡呂蒙不需要理由，孫權不喜歡李術卻有十足的理由。

六郡的太守人選，孫策都有周到的考慮。他自己兼任會稽太守，其他五郡：吳郡太守朱治，是江東本地人、孫氏老臣；丹楊太守吳景，是孫策的舅父、自己人；豫章太守孫賁、廬陵太守孫輔，是孫氏宗親、自己人。

可是李術既非孫氏老臣，又不是孫氏同族，為什麼能占據廬江這個要點呢？

本來，大家都認為最合適的人選，是周瑜。周瑜本身是廬江人，又與孫策關係特殊，看上去最適當不過！然而孫策卻用了李術！

於是李術在眾人疑慮的眼神中坦然地走馬上任。

孫權認為：李術是一隻狐狸，他不會真心忠於大哥孫策。當然，大哥也知道這一點，之所以用他，是因為孫策自信他駕馭得了李術這隻狐狸，讓他為自己所用。

誠然如此，孫策健在之日，李術盡心效勞、老實得很！

然而孫策一死李術便狐狸本色盡顯，他肆無忌憚地挑戰孫權的權威，孫權知道，這是因為李術完全不把自己放在眼裡。

「富春小犬怎麼會是汝南狐狸的對手呢？」

忍無可忍，孫權決定對廬江的李術動兵。

張昭提醒他：李術作亂的背後，存在曹操的支持。一旦我方出兵，曹操干涉，便會導致與曹操的正面對抗，這是目前的江東不能承受之重！

孫權說，正是考慮到曹操這個因素，所以才要加緊動手。現在他剛結束與河北的大戰，需要休養生息。一旦曹操恢復過來，廬江的事可就真的難辦了。

張昭覺得孫權的想法有些道理，但是完全當曹操不存在，貿然出兵廬江，也不妥當。似乎應該想個周全之策才是。

要戰勝狐狸，就要比狐狸更狡猾！

孫權微笑：這個周全之計，已經有了。

張昭哦了一聲，這一會，他倒是真的很意外。

孫權在案上寫了個人名：嚴象。

嚴象是京兆人氏，與荀彧年紀相仿，關係也很不錯，據說頗有才學膽識，被荀彧作為儲備人才推薦給了曹操，袁術死後，朝廷正式任命他做了揚州刺史。

其實嚴象與孫權頗有淵源，孫權的「茂才」頭銜，就是蒙這位老兄所舉。

然而這位老兄，卻被李術在建安五年給殺了。

張昭何等智慧之人，孫權一提到嚴象，他已經領悟到：

「嚴象是朝廷的命官，李術卻擅自殺害；孫仲謀是身為嚴象的門生，論公、論私，孫仲謀都有充分的理由討伐李術！」

張昭不禁拍案，此計甚妙！

然而仔細一想，卻是十足的諷刺。當初孫策委派了李術，曹操則任用了嚴象，李術殺嚴象，多少有孫策支持的因素在背後。然而如今，孫權卻只有用這個理由，才能安全地殺掉勇於抗命的李術。諷刺啊諷刺！

孫權後來在給曹操的文書中這樣寫道：「嚴刺史昔為公所用，又是州舉將，而李術凶惡，輕犯漢制，殘害州司，肆其無道，宜速誅滅，以懲醜類。今欲討之，進為國朝掃除鯨鯢，退為舉將報塞怨仇，此天下達義，夙夜所甘心。術必懼誅，復詭說求救。明公所居，阿衡之任，海內所瞻，原敕執事，勿復聽受。」

大意是李術殺害了本州刺史嚴象，罪大惡極，孫仲謀為國除害，唯恐李術顛倒黑白、編造謊話請曹公出兵救他，曹公英明，不要聽信他的胡言亂語。

然而個性多疑的曹操，又會不會被這封書信打動，默許孫權的行動呢？說實話，孫仲謀並沒有十足的把握，相當程度上，他是在冒險。

二十歲的孫權不缺冒險的勇氣，這正是張昭所擔心的。

而孫權的對手——李術同樣不缺冒險的勇氣，他還有孫權不具備的狡猾。李術經營廬江已經一年多了，他是汝南人、袁紹的老鄉，當初孫伯符拿下廬江之後，撥給他三千人馬，上表給朝廷，推薦他做廬江太守。李術知道，這是孫伯符對他的格外器重。廬江不是個容易治理的地方，特別是陸康一役之後，廬江上下對孫策的仇視情緒極為濃厚。因此，自袁術以來，廬江走馬燈似地換主人，就是不肯依附孫策。

在廬江，李術最常說的一句話是：「術是大漢的廬江太守！」

在這裡，他反覆強調自己的漢官身分，儘管這個職位實質上是孫策任命的，但是李術有意淡化這一點，以減少民眾的敵意。

這樣做的效果其實不錯，李術在廬江的政績頗佳，他用了不太久的時間，便將廬江的局勢安定下來。從此，廬江成為孫策監視中原動向、伺機而動的據點。

不久，李術在孫策的授意之下做了一件大事：當時朝廷正式委任的揚州刺史嚴象，在江淮之間積極活動。最初，江東和朝廷關係融洽，嚴象還察舉孫權做了茂才。可是隨著北方局勢緊張化，江東也開始出現異動。

「殺掉嚴象！」

李術猜測孫策的目的，是透過謀殺嚴象，在江淮之間製造大混亂，為他出兵北上製造良機。李術是個精明能幹的人，他領會得不錯，執行得也相當到位，嚴象在視察郡縣時遭遇盜賊襲擊，被殺。

李術沒有想到的是，殺嚴象的第二年，孫伯符自己在丹徒遇刺身亡，北伐中原、爭奪天下的計畫流產不說，江東的主位由孫策那年幼的弟弟孫權接任，人心不穩。

這樣一來，李術不得不重新考量自己的前途。

這一會，他將目光投向了許都。

李術的打算是：許都畢竟是朝廷所在，歸附許都，符合大義。況且當下曹操正與袁紹對峙，正是用人之際，在這個時候投靠曹操，物超所值！

於是李術一面收納來自江東的大批逃亡者，一面與許都聯絡。

這一聯絡，又出現了新的問題，原來曹操已經前往官渡，許都事務，完全交給首席軍師荀彧主持，要知道，當年推舉嚴象出任揚州的幕後之人，正是荀彧！兩人私交甚好，李術之下尷尬了！

「此人乃反覆無常之小人！」想必荀彧已經下了如此斷語！

李術不死心，向許都方面辯解說殺嚴象乃是受了孫策指使，歸根到底，罪魁禍首是孫策！同時為了表示與江東斷絕關係的決心，李術以更加剛硬的態度面對孫權，當孫權向他所要流亡者時，他回信說：「有德見歸，無德見叛，不應復還。」

李術寫書信給尚在官渡的曹操，建議利用孫策剛死、孫權權威尚未樹立的良機，派一支偏師討伐江東，即可平定。他告訴曹操，江東內部矛盾重重，以周瑜、張昭為首的江淮派，以程普、黃蓋等為首的老臣派，互不服氣，江東本土家族，更是對孫氏心懷抗拒！

李術分析的頭頭是道，可惜他忘了一點，曹操現在的第一敵人是強大的袁紹，收拾江東，遠未提上許都的議事日程，即便曹操有心，也是無力！

再狡猾的狐狸也有失算的時候，這一年的秋冬之際，江東的征討軍，渡江西進，叩擊廬江郡城所在地——皖城。李術登上城頭，望見城下盛大的江東軍勢，無法應戰，只能閉門自守，求救於曹操。

圍城月餘之後，李術終於明白：曹操不會來救他了。

這是為什麼呢？

李術不甘心，難道是為了嚴象，可是指使殺害嚴象的，分明是孫氏，為什麼這筆帳就唯獨算在了我李術一人的頭上呢？

到了這步田地，李術唯有死守，他如今的唯一資本，也只有皖城百姓對孫氏的抗拒意志而已。

可怕的廬江圍城戰曾是孫策記憶中最深刻的一戰，歷史會重演麼？

23. 血海深仇

歷史有時會重演，但不會每一次都重演。李術的抵抗堅持了不到半年，便被孫權摧枯拉朽般擊破。一切皆如孫權所料，曹操拒絕了李術的求救，皖城成為一座孤城，而且百姓的抵抗意志低落。

當年孫策攻打廬江，圍城兩年才獲得殘勝。李術以為自己可以複製陸康的事蹟，可是他錯了：第一、當年的孫策不等於如今的孫權，當年的孫策乃是袁術的一粒棋子，而如今的孫權卻是江東之主；第二、當年的陸康也遠非李術可比，陸康做廬江太守，極得民望，陸氏家族又是江東的名門望族，在士大夫和百姓中非可小可，而李術卻是孫策所委任的廬江太守，背叛自己的主人，對外得不到朝廷的支持，對內也民心不附。

孫權委任孫河接替李術，擔任廬江太守。孫河本姓俞，因為孫策特別喜愛，賜姓孫。挺忠厚誠實的一個人，話不多，但做事果斷有效率。在許多人看來，他的確是鎮守廬江的不二人選。因此孫權一朝令下，眾人心悅誠服。

至於罪人李術的首級則被送往許縣，這一戰是孫權的沙場初體驗。首戰告捷，孫權很是得意，他下令將李術的部屬兩萬多人全部遷往江東，這是對他們參加叛亂的懲罰。而跟隨孫權的大小將領則得到不同內容的獎賞。

孫權認為自己獎罰分明，然而他實際上犯下了一個大錯。兩萬軍民南遷，孫河的兵力薄弱廬江幾乎成了一座不設防城市。更為糟糕的是，孫權還下令對皖縣進行屠城，致使廬江人對孫氏的反感倍增。這樣一個南北要衝、兵家必爭之地，在日後的若干歲月裡成為了曹操遏制孫權的重要基地。

年輕氣盛的孫權還不能意識到這一點，他雄心勃勃地把軍事矛頭指向荊州的江夏。孫權的用意，並非僅僅是擴張領地。江夏守將正是殺害父親孫堅的荊州大江黃祖，攻克江夏，可以為父親報仇，更足以樹立孫權的威望。而這一點，正是孫權所需要的。

江東有一個傳說，當年吳王闔閭死於對越國的戰爭，其子夫差即位之後，安排一個專人每日提醒他：「夫差，你忘了句踐是怎麼殺死你老爹的麼？」

這時的夫差，無論是在做什麼都會推開一切，站起來大聲回答：「不敢！」

三年之後，終於完成了破越的夙願。

與夫差不同，孫權始終將殺父之仇默記在心，他從不說什麼為父報仇的豪言壯語，但是他知道什麼叫做殺父之仇不共戴天，只是他本以為大哥孫策會完成這事業，未曾想到末了這事業竟交到了他的手中。

黃祖——多年來孫權對這個名字始終銘刻在心、不敢忘記。在消滅廬江的狐狸李術之後，他終於可以騰出手來完成兄長未能完成的復仇事業。這令二十歲的孫權年輕的血管中熱血沸騰，激動之情無以復加。

可是孫權的熱情卻遭到張昭的阻撓：「李術雖然就擒，然而江東六郡尚未完全平定，山越不服，豈是西征江夏的時候？」

「這也不行，那也不行，這個討虜將軍，到底是你做還是我做？」

一時憤懣的孫權忽然脫口而出，說出了這樣的話語。

張昭很吃驚，可是並沒有驚惶失措，他平靜地看了孫權很久，無語地退下。倒是孫權為自己脫口而出的話而驚慌，他有一種直覺：麻煩了！

果然不久母親便派人來召喚他，孫權明白，一定是為了張昭的事。

這些時日以來，母親的身體漸漸不如往日那麼強健了，歲月的痕跡在她的臉上已經無法遮蓋，好幾次她都夢見自己的夫君與大兒在雲端呼喚，這不是什麼好兆頭。

孫權跪拜在母親的病榻前，本以為會遭到劈頭蓋臉地一頓責罵，可是母親並不提張昭，卻說起了孫權與他的正妃謝氏。

「為何你們至今還未生下一男半女呢？是不是你對她太過冷淡的緣故？」

孫權支吾著說不出話，對於這位謝妃，他的確不太滿意，可是究竟不滿意在什麼地方，他說不清楚，或許這是兄長和母親硬塞給他的緣故罷。

「她本來就不是我選中的女子，又如何能不冷淡呢？」

可是這樣說的話，一定會惹起母親大怒。

好在母親並沒有就這個話題深究的意思，她的話鋒一轉，說起了不久前的任子事件。

所謂「任子事件」發生在孫權平定李術之後，朝廷派來欽差，要求孫權將兒子送到許都當官，實質上便是人質。

「將軍尚無子嗣，如何送出任子？」

「曹公說過，無需拘泥，從子亦可。」

從子就是姪子，欽差這是暗示孫權可以把自己的姪子即孫策之子孫紹作為人質送往許都。

面對這個問題，不要說孫權難辦，就連張昭也犯愁了。曹操的意思很明白，李術一事我已經很給你面子了，你孫權既然自稱是漢朝的忠臣，那麼就根據本朝的制度，交出人質！

這種情形之下，不交人質勢必使剛有點好轉的曹孫關係再度惡化，可是一旦交出人質，便又會陷入受制於人的陷阱。

周瑜的意見倒是很果斷，那就是不交，當年孫策拒絕把孫權送到許縣當人質，到今天，孫權同樣不能把孫紹交出去。

失去方向的孫權只能和周瑜一起去見母親，請母親決斷。

「現在的天下大亂就如同當初的春秋戰國，從前楚國的土地最初只有一百里，可是楚人披荊斬棘、開疆拓土，擴張千餘里，占領了荊、揚兩州，立國九百餘年。將軍繼承父兄的基業，手握六郡，要兵有兵，要金有金，熔鑄銅山可以鑄造錢幣，煮沸海水可以取得食鹽來販賣，這麼好的基業，為什麼要送人質？」

周瑜說，一旦送出人質，就等於向曹操投降，最好結果不過是當一個小小的侯爵而已，哪裡比得上自己在江東稱王道孤那麼自由痛快呢！

退一步講，就算曹操真的能統一天下，到那時候再向他低頭，也為時未晚。又何必這麼著急？

周瑜這麼說，孫權還是猶豫不決，最後還是母親拍板：「照公瑾說的做吧！」母親又說，「公瑾和伯符同年，僅僅小一個月而已，我把他當兒子來看待，至於你——孫仲謀，應該把他當哥哥來看待。」

人質事件已經過去幾個月了，此時，母親舊事重提，又是為何？

「從前住在富春，常有山越來縣上兜售山貨，有些人的山貨好些，有些次些，可是在他的嘴裡，都說是最好的山貨。買與不買，若是買又該買哪家的貨，該去問誰，不都是自己的事麼！」

「母親的意思是我便是那買貨之人……」

「周瑜也罷，張昭也罷，都懷著一顆忠心，他們的意見，都是從忠義而出發，為江東而謀劃。可是因人而異，意見總有不同。至於選擇誰的意見而聽從，這是孫仲謀的事，而不是周瑜和張昭的事。」

母親說到這裡，口氣忽然嚴厲起來，她一字一句地告訴孫權，張昭、周瑜這二人，無論是誰，你可以不採納他們的意見，可絕不能因為他們的話不中聽便加以罪責。

為何？

為何？因為你的兄長臨終之際，便是把你託付給了張子布，而如今你的孃親也老了、病了，我將把你託付給誰？唯有張昭、周瑜。

一個月後，吳氏病逝，時為建安七年。這一年的夏天，一代梟雄、河北之主袁紹也在冀州病逝，他是被官渡的慘敗氣死的。拒絕送出人質的孫權忐忑不安地關注著北方形勢，袁紹死了，曹操會不會趁這個間隙來打江東？

到了秋天，曹操果然出兵了，不過不是南下，而是北上河北去摘取那熟透的果實了。孫權安泰了，這一安泰，他又開始思索西征江夏了。

24. 世上本無事，庸人自擾之

建安八年，這是孫權接管江東的第四個年頭，一場慘烈的西征江夏之役終於打響，孫權親自統領江東水軍討伐江夏，老將程普、韓當、黃蓋、呂範、太史慈、凌操與少壯派呂蒙、周泰等將領悉數跟隨。

這是復仇的一戰，孫權志在必得，當兩大艦隊在長江江面上遭遇，孫權親自擂鼓，校尉凌操與他的兒子凌統率領突擊船隊，率先殺入荊州水軍陣中。江東士氣大振，全線逼近。黃祖的長江艦隊很快崩潰，幾乎覆滅。孫權乘勝追擊，一舉攻入夏口。衝鋒在前的，又是校尉凌操與他的兒子凌統這對父子兵。

孫權大喜，如果眾將士都像凌校尉父子般驍勇向前，江夏必是我孫仲謀囊中之物！

然而孫權話音未落，凌操已經被敵將一箭射落江中，過於勇猛的江東水軍，終於因為孤軍深入，陷入黃祖軍團的伏擊圈。率先攻入夏口的突擊船隊，大部戰死，只有凌統等少數人得以殺出血路，回到大本營。

事後才知：為黃祖伏擊孫權的，不是荊州正規軍，而是所謂：「錦帆賊」！所謂「錦帆賊」，其實是一支私募水軍，其首領為巴郡（今重慶）人甘寧，他手下有八百水軍，遊蕩在巴、楚一帶。因為他們常用錦繡維繫舟船以炫耀富有，人們稱之為「錦帆賊」。

這樣看來，甘寧可以說是一個水賊頭目，可是他又不甘心做盜賊度過畢生，所以滿世界尋求招安。起初他寄希望於益州的劉焉（劉璋的父親），但是劉焉不領情，甘寧大為憤怒，在益州東部殺人劫財，讓益州人很是頭痛。

於是有個益州人勸甘寧去荊州找劉表，說這才是識貨之人，甘寧若是投奔荊州，必然大展宏圖。這麼說其實是為了糊弄甘寧，把禍水東引，但是甘寧信以為真，果真帶著他的弟兄們離開益州，去了襄陽。

劉表哪裡會看得中甘寧這樣的水賊頭目，他所用的都是些名門世族，譬如蒯越、蔡瑁。甘寧自然不得欣賞，他沿著漢水一路向東飄蕩，這便到了江夏。

江夏太守黃祖也嫌棄甘寧的出身，倒是他的麾下有一個叫蘇飛的將領很是欣賞甘寧，在蘇飛的引薦之下，甘寧終於得以名列江夏水軍，為黃祖效力。這一仗，黃祖大敗，狼狽逃竄。若非甘寧伏擊成功，射殺了勇往直前的校尉凌操，夏口已經陷落，黃祖亦危矣！

孫權聽了凌統的哭訴，更加難以抑制心中的怒氣，他召集程普等將領，集結兵力，準備強攻夏口，以「錦帆賊」的首級祭奠凌操的戰士之魂。

戰事一觸即發之際，後方卻送來了加急文書。江東六郡內陸地區的山越蜂擁而起、叛亂襲擾地方，甚至孫權賴以攻擊江夏的補給線也受到威脅。如果孫權繼續逗留下去，六郡的許多縣城將被攻陷。

張昭昔日的預言，終於成真。孫權只能班師，他遠望江夏城牆，仇人黃祖就在城中，然而他卻不得不捨棄復仇計畫而去。這一年孫權二十二歲，距離赤壁之戰還有不足五年的光陰。在二十二歲的孫權看來，殺死黃祖，為父親復仇，將是自己超越兄長孫策的最佳路線。可是要達成這一任務，孫權首先必須鞏固自己的後方，肅清江東山區中桀驁不馴的山越部落。二十二歲的孫仲謀血氣方剛、急於復仇，而這恰恰是一項曠日持久的任務。考驗孫權忍耐力的時刻到了，這是新的學習與歷練，孫權必須通過這一關，才有可能企望江夏、實現復仇目標。

孫權畢竟還年輕，他不明白，復仇將只是他漫長人生的一小步，更嚴峻的考驗將來自北方，這才是真正的挑戰。倘若能未卜先知，孫權將會看到他只剩下了不足五年的準備期，或許他會因此而驚慌，或許因此而更加警醒。然而事實是孫權不能未卜先知，他的目光所及，只是江夏、山越，他的腦子裡所想的，全然是「復仇」兩個字！

從江夏前線撤退下來，孫權沒有回吳縣大本營，而是選擇了豫章（今江西南昌）作為自己的臨時行營，在此部署平定山越策略。

所謂山越，其實是上古百越的一支，他們居住在江東六郡內地的深山老林中，不交賦役，自耕其地、自鑄兵甲，以山險為依託，獨立於郡縣之外。當年孫策掃平六郡，卻未能征服內陸，山越各部落實際上並不服從。等到孫策暴死，孫權即位。山越酋長們對孫氏的權威更是不屑一顧。

對於孫權來說，最節約時間的辦法是與山越來一場會戰，一舉解決心腹之患。可是山越並不是一個統一的部族，沒有共同的君長，甚至組不成一個聯盟。孫權只能逐個清除，這樣一來，清剿山越的戰事必然是曠日持久。

山越人也深知這一點，他們隱匿山林，一旦發現江東大兵殺到便分散山洞，憑藉險要複雜的地形與孫氏部隊周旋，一直耗到你糧草吃光、掃興而歸。而孫氏部隊一旦撤離，當地只剩下少數維持治安的武裝人員，便是山越出動之時。

孫權不禁焦灼，這樣一來，何時能騰出手來對付江夏黃祖？

有些事，唯有時間可以擺平，急躁也無用。山越問題便是如此。孫權尋求山越主力決戰只能是一個奢侈的幻想。最後，他只能採取分治方案，即委任將領擔任山越地區的地方官，將山越地方分成若干個小塊，分兵清剿。

孫權的安排如下：

第一軍分割槽，由征虜中郎將呂範主持，目標是鄱陽、會稽地區的山越部族。

第二軍分割槽，由蕩寇中郎將程普主持，目標是樂安地區的山越部族。

第三軍分割槽，由建昌都尉太史慈主持，目標是海昏地區的山越部族。

另外，委任黃蓋、韓當、周泰、呂蒙等將領擔任重要縣城的縣令，負責當地治安，清剿小股山越部落。

至於孫權自己，在妥當安排一切之後，離開豫章經丹楊回大本營，他本無意途中停留，然而就在丹楊與豫章的交界處，孫權看到了在路邊迎候的丹楊官吏，他隨口問了一句：「你叫什麼名字，官居何職？」

「末將媯覽，為本郡都督，奉太守之命，在此迎候將軍。」

媯是個少見的姓氏，孫權一下子想起了什麼，他的內心泛起一陣厭惡之情：「好了，你去稟報，說孤要在丹楊小住。」

望著媯覽遠去的背影，孫權用力地按下自己的劍柄。

半年前孫權下令處死了一個人，這個人叫盛憲，江東名士，也做過吳郡太守，是許貢的前任。當初孫策殺了許貢，因為他與曹操眉來眼去；孫權殺盛憲，也是因為認為他終究不為自己所用。此人與孔融交情甚好，孫權一直懷疑他與許都有祕密往來，不久曹操果然徵他為騎都尉。孫權不願人才為敵人所取，在詔書未到之前，找個過失殺害了盛憲。

盛憲生前曾經推薦過兩個孝廉，一個叫媯覽、一個叫戴員，聽到恩公被殺的消息之後立即隱匿到深山之中，與山越雜處。孫權本想派兵丁去捉拿的，可是一時顧不及，所以忘了。想不到如今卻在丹楊郡的土地上，看到這個叫做媯覽的傢伙大咧咧地站在這裡迎接自己，居然還當上了丹楊的都督，擔任統兵之職！

可是孫權還得強行按下心頭的不悅，因為丹楊太守不是別人，就是自己的的親弟弟孫翊。

自從在丹徒大哥孫策的病榻前接管江東以來，孫權就很少見這個弟弟。難怪底下傳出許多關於兄弟倆關係不和的謠言來：「聽說孫討逆病危之際，張昭等人曾經誤以為會傳位給老三，可是最終卻是老二接管江東。可嘆兄弟二人因為這件事，如今已經是面和心不合。」

「聽說河北袁紹死後，袁譚、袁尚兄弟勢如水火，想不到我們這裡也是如此，只是世風日下……」

對於此種無稽之談，孫權當然否認。可是他心中自知，自從那件事之後，他的確與老三之間出現了一堵無形的牆。尤其是此前北伐廬江、西征江夏，孫翊都積極請戰，可是孫權卻下意識地拒絕。其實他也深知孫翊的個性很像父親孫堅和大哥孫策，個性爽直而魯莽，勇猛而好戰。帶兵作戰是他的所長，可是孫權卻偏偏安排他在這丹楊後方做太守，處理行政事務，對於他這樣的個性來說，確實是太悶了。

難怪孫翊忍不住要抱怨：「二哥為何不帶吾上陣？」

眾所周知，當年大哥孫策最喜歡的弟弟不是孫權，而是孫翊。孫策遇刺之後，上到張昭、周瑜，下到普通士卒，都以為孫策會把權位交給孫翊，或者是讓孫翊輔佐兒子孫紹。可是萬萬沒有想到的是孫策選擇的人居然是孫權。

孫權內心不能否認的是，很長一段時間內，孫翊的威望都高於自己。江東將士喜歡孫翊的個性，就好像當年他們喜歡大哥孫策一樣。

「這樣的男子，才是亂世中的大丈夫！」

若干年後，陳壽在竹簡上寫道：「（孫翊）驍悍果烈，有兄策風。」這是當時江東上下的集體認知，一個深刻的印象。

正因為如此，孫權下意識地認為：絕對不能讓弟弟孫翊上戰場，一旦被他立下戰功，孫翊的威望將更加高漲。對於地位尚未穩固的孫權來說，這絕非好事。孫權甚至這樣想：如此這次江夏之戰的指揮者是孫翊，說不定如今江東的軍旗已經在江夏城頭迎風招展，黃祖的人頭也送到了父親的墳前祭奠。

孫權如此猜忌自己的弟弟，可以說是權力地位使然。他並非不愛自己的弟弟，個性中也並不欠缺善良的基因。然而一旦登上權力的寶座，孫權覺得自己別無選擇。這使他愈發覺得自己的可悲！

若是父親和兄長在這個位置上，大概就不會如此猜忌人心吧！這全然是因為我無能而自卑的緣故。只有自卑之人才會如此猜忌自己的弟弟，而充滿自信之人必然會張開臂膀友愛自己的兄弟，正如大哥對待自己那樣。

孫權越是這樣想，就越是不能坦然面對自己的親兄弟孫翊。

然而孫翊見到孫權時卻很坦然，他聽說二哥有意在本郡停留，大喜過望，殷勤地安排一切。

孫權沉吟了半天，終於還是說到了嬀覽。

「他是盛憲推薦的孝廉，你需知盛憲是我殺的，為何還要留用此人在府中？」

孫翊卻不以為然，他告訴孫權，自己不但留用了嬀覽，盛憲推薦的另一名孝廉戴員也在郡中任職。孫翊對二人以誠相待，二人也很兢兢業業、忠於職守，不會有什麼問題。再說了，即便他們有歹意，憑這兩個人，也奈何不了武功高強、臂力過人的孫翊。

「二哥不是也徵召了陸議麼，我對人以誠相對，想必人不負我！」

孫權一聽他說到以誠相待云云，似乎是指責自己不能對親兄弟以誠相待，自覺有些虧心，立刻轉移話題。

其實孫權多心了，孫翊並無此意。雖然是親兄弟，相處的機會也是越來越少，喝了幾杯，孫翊便毫無顧忌起來，在他看來，孫權既是江東的主宰，也是自己的哥哥。與親哥哥說話，不需要掩飾什麼。

至於當日的繼承人風波，在孫翊的心中也早已隨風而去。大概孫翊以為這江東的基業總是屬於大哥的，無論是孫權還是孫翊暫時代管，將來不還得還給大哥的兒子孫紹麼？如此一想，孫翊便心無芥蒂了。雖然從政治的角度而言，他的這種想法未免太天真。

孫翊喚來自己的妻子兒女與兄長見面。他的夫人是徐家的次女，孫權以前見過一兩次，驚豔她的美麗。如今她已經為孫翊生下一子，名叫孫松。可是依舊美若天仙，似乎未曾生育的少女一般。聽說她的美名在丹楊一帶可是流傳甚廣。

喝著喝著，孫翊又踏足而舞，便舞邊唱，他唱的是〈越人歌〉：

今夕何夕兮，搴舟中流。
今日何日兮，得與王子同舟。
蒙羞被好兮，不訾詬恥。
心幾煩而不絕兮，得知王子。
山有木兮木有枝，心悅君兮君不知。

孫翊俊美的臉龐、瀟灑的英姿，實在是很像大哥孫伯符啊。孫權記得大哥臨終之際，吟唱的也是這首〈越人歌〉：

今夕何夕兮，搴舟中流。
今日何日兮，得與王子同舟。
蒙羞被好兮，不訾詬恥。
心幾煩而不絕兮，得知王子。
山有木兮木有枝，心悅君兮君不知。

當夜，孫翊提出要與哥哥共榻而眠，孫權答應了。兄弟二人已經許久沒有如此親近。孫權不由想起從前在富春的日子，那時父親還在，雖然不過是富春縣一個普通的武官家庭，可是一家人團聚、兄弟之間毫無芥蒂、其樂融融。

人人追逐權力，可是權力究竟是個什麼東西？

這麼一想，孫權更是睡不著。可是孫翊卻已經睏得不行，不多時便傳出鼾聲，一呼一吸，極有節奏。孫權突然想到自己這個兄弟，實在是純樸得近乎無心。很多事情，或許真的是自己想得太多。

世上本無事，庸人自擾之。

孫權很慚愧。

25. 我非新娘

東漢建安九年（204），孫權接管江東的第五個年頭，這一年，曹操正與袁紹的接班人袁尚在鄴城演繹一場頗為經典的攻城戰，雲梯、土山、道地，水淹、火攻、飢餓戰術，白骨纍纍、哭聲不絕於耳，然而這便是殘忍的亂世，無論戰勝一方聲稱自己是如何地代表正義，他的勝利終究建立在一場屠殺的基礎之上。

河北戰事的慘烈，對於孫權未嘗不是一件好事。既然北方的威脅暫且遠在天邊，山越叛亂又有逐漸平息的趨勢，孫權打算舊事重提，第二次攻打江夏。這一次他有意給弟弟孫翊一次機會。

「帶話給叔弼（孫翊的字），整頓兵馬，到椒丘與吾會合。」

孫權想：弟弟聽到此信，一定會歡呼雀躍，像個孩子般躍躍欲試。他進軍到椒丘（今江西境內），等待弟弟孫翊前來與自己會師。

然而孫權等待許久都未見到孫翊的一兵一卒，孫權有一種不好的預感，他接到最新的情報，說曹操委任的揚州刺史劉馥以合淝為據點，正在積極經營江淮，廬江、丹楊一帶的親曹分子頗有騷動的跡象。孫權立刻派人前往丹楊打探。

探子很快回來，他報告說丹楊境內氣氛緊張，似有大事發生。有流言說太守孫翊被身邊的小吏邊鴻刺殺，如今邊鴻已經被媯覽、戴員誅殺，但媯覽、戴員控制郡府之後，與合淝的揚州刺史劉馥來往頻繁，媯覽又封鎖丹楊與吳郡、豫章的道路，似乎不懷好意。

孫翊死了！？

孫權簡直不能相信自己的耳朵，他曾經為弟弟的過於相信人而擔心，但考慮到孫翊的武勇，他怎麼也想不到孫翊會被身邊人殺害！

這時廬江的報告倒是來了，廬江太守孫河當時正在京城（江蘇鎮江），聽聞丹楊劇變，立刻率領輕騎趕往丹楊。計算日程，應該已經抵達丹楊處理後事了。

孫權心亂如麻，此時稍微鎮定下來。他知道孫河的練達，相信孫河能妥善處理好此事。可是孫權又錯了，此時的丹楊城中，悲劇在繼續上演，繼孫翊喪命之後，孫河也斷送了自己性命。一座城池，葬送了孫氏兩大重要人物。

清楚整個事件過程之人，唯有媯覽、戴員。孫河抵達丹楊之後，立即雷厲風行地對孫翊遇刺一案展開調查，發現指使邊鴻刺殺孫翊的幕後之人就隱匿在丹楊郡府中。孫河的調查，引起媯覽、戴員的極度恐慌，因為所謂「幕後指使之人」正是他們。

孫河為了盡快趕到丹楊，所帶騎兵甚少，抵達之後忙於調查，更是疏於防範。媯覽、戴員於是一不做二不休，發起突擊再殺害孫河。

到了這一步，媯覽、戴員已經不再可能隱藏下去，真相大白之日，孫權一定不會放過他們。媯覽、戴員唯有與曹操委任的揚州刺史劉馥聯繫，請求他進軍歷陽（安徽省和縣，在長江北岸，與丹楊隔江相望）。朝廷大兵一到歷陽，媯覽、戴員便正式叛亂，把丹楊獻給曹操。

這些內情，遠在椒丘的孫權完全不知。一旦丹楊易幟，江東將陷入前所未有的混亂，曹操、劉表再乘火打劫，形勢將不堪收拾。而江東的將領們，周瑜在鄱陽湖的宮亭訓練水軍，張昭在吳縣大本營，呂範、程普、黃蓋、太史慈等一班武將都在山越地區忙於清剿事宜，誰能拯救丹楊？

誰又能想到：危難關頭，是一個女子拯救了丹楊，拯救了江東與孫權，她便是孫翊的妻子徐氏。媯覽掌握丹楊之後，垂涎她的美色，打算強逼徐氏為妻。

「倘若相從，可保闔府上下相安無事！」

潛臺詞是：一旦拒絕，便要血洗孫府。徐氏面對強逼，唯有假意答應，虛為周旋，她對媯覽說：「女子不能自立，總是要找一個男子做自己的丈夫，如媯君這般人物，誠然是上佳的選擇。可是夫君剛剛遭遇不測，馬上改嫁，會被丹楊人的唾沫星子淹死的。」

媯覽也是當地的名士，以孝廉的身分，當然有所顧忌。色急攻心的他此時也不免亂了陣腳，居然問起徐氏該怎麼辦來？

「乞須晦日，設祭除服，然後聽命。」

晦日就是陰曆每月的最後一天，古人一般在這一天消災解厄。徐氏的意思是：孫翊的喪事到月底便可以完結，到晦日這一天，她祭拜了亡夫，便可以脫下喪服，辭舊迎新，做媯覽的女人。

一席話說得媯覽心花怒放，滿口答應。

戴員倒是有些懷疑，他提醒媯覽，不要因小失大，為了這個女人斷送了自家性命。媯覽大笑，一個弱女子能做些什麼？莫非你是嫉妒我獨得佳人不成。

戴員只好作罷。

徐氏的拖延策略，為自己贏得了時間，也為丹楊城中的擁孫派贏得了寶貴的機會。孫翊的親近舊將孫高、傅嬰聯繫了二十多個武士，都是平素得到孫翊照顧的左右侍衛之人，歃血為盟，發誓要殺死嬀覽、戴員，為將軍報仇！

晦日很快到來，丹楊郡府中，徐氏擺下香案，向亡夫痛苦獻祭，丹楊的文武官員悉數到場，嬀覽、戴員自然也在其中。

祭奠儀式上，徐氏唱了一首漢代頗為流行的輓歌：「薤上露，何易晞。露晞明朝還復落，人死一去何時歸？」

薤葉上的露水，是多麼容易蒸發、消失啊！蒸發掉的露水，明天清晨還會同樣落到植物上，可人一旦死去又能像露水一樣回來嗎？生命如此無常，怎不叫人嘆惋！

徐氏唱得如此動情，在座文武莫不感動，一些官員想起孫翊昔日的善待，傷心落淚。其中更有少數人知道嬀覽、戴員便是陰謀之人，暗中咬牙切齒。

儀式結束，徐氏轉入後院，稍過片刻出來，卻已經是脫下喪服，換上華麗嬌豔的新人之衣。只見她含羞帶笑、風情萬種，哪裡還有半點亡人妻的模樣。

嬀覽大喜，在場的其他官員卻是大吃一驚，果然世風日下、人情淡薄，丈夫屍骨未寒，這女子已經穿紅戴綠、一副即將嫁為別人妻的模樣！

最高興地人莫屬嬀覽無疑，他朝戴員頻使眼色，炫耀他的得意。戴員本來心懷疑慮，此刻也放鬆了警惕。

「果然是女人啊，人盡可夫！」

這邊媯覽已經在徐氏的盛情相邀下，解下身上武裝，迫不及待地進入後院。在此人的腦海之中，如今已經浮起種種香豔場景。

「請容小女子三拜！」

徐氏剛剛拜下來，口中忽然大喊：「二位將軍，可以出來了！」

從帷幕之後躍身而出的，正是孫高、傅嬰。

轉身面對媯覽，徐氏的表情已經是冷若冰霜：「我不是你的新娘，永遠都不是！」

這是媯覽所聽到的最後一句話，剎那間刀劍齊下，媯覽來不及哼叫一聲，已經成為刀下之鬼。而在帳外，二十餘名武士也已經將戴員格殺。

徐氏再一次更衣，換下華服，穿上喪服，將媯覽、戴員的首級盛在盤子中，祭奠孫翊。這一會她唱的是〈蒿里〉：「蒿里誰家地，聚斂魂魄無賢愚。鬼伯一何相催促，人命不得少踟躕。」

蒿同薨，意思是「枯萎」，人死了屍體就會枯槁。所以漢代人以「蒿里」指死人所處之地。歌詞的大意是：不管你有才無才、有德無德，死後都得魂歸蒿里，不能稍有遲疑！

等到孫權抵達丹楊，情勢已經完全平定下來。只是孫翊、孫河的死，不可能挽回。孫權失去了最親密的弟弟，孫堅與吳氏所生的四個兒子：策、權、翊、匡，孫策、孫翊都死於刺殺，孫匡則年紀輕輕便病死，孫權真正成了「孤家寡人」！

坐在江東之主的寶座之上，孫仲謀倍感孤單。上天給了他一個好父親，可是他失去了；上天又給了他一個好哥哥，可是也失去了；上天再給了他一個好弟弟，他還是失去了！孫權即將面對暴風驟雨，這一會，注定是獨自面對！

26. 山越之患

孫翊的死，終於令孫權醒悟，江東內部還有許多不穩定因素，在整頓內務的工作完成之前，急於求成地攻打江夏為父親復仇，其結果只能是欲速則不達！孫權決心暫且停止江夏攻略，把精力用於整頓內務。

最大問題就是不斷騷擾後方郡縣的山越，這些勾踐的後裔已經成為孫仲謀的背上瘡，非治不可！

孫權的策略轉移很快嘗到甜頭，山越戰場上歷練出一批年輕將領，為江東增添了生力軍。譬如會稽郡山陰（今浙江紹興）人賀齊，他本是剡縣縣長，當時縣中有一名官吏斯從為非作歹，更與山越勾結。賀齊打算將其繩之以法，有人勸阻說：「這個人在地方上很有勢力，又與山越關係密切，恐怕您今天處置他，明天山越就會來攻打縣城。」

這時各縣的地方官，都有點畏懼山越的騷擾，遇到這種情況，總是抱著多一事不如少一事的消極態度。結果令山越氣焰更加囂張，那些與山越有勾結的地方豪強也是有恃無恐。賀齊年輕，不信這個邪，聽了這話反而激起怒火，不管三七二十一，當即下令將斯從斬首，並且把首級懸掛在城門之上。

剡縣的官紳百姓大為恐懼，打點行李準備逃難，可是已經來不及了，斯從的族人糾集附近的山越，聚眾千餘人攻打縣城。

「交出賀齊，不然將爾等這小縣城踏為齏粉！」

賀齊哈哈大笑，大開城門，請他們進來。

「賀齊在此，索命可來！」

斯從的族人和山越酋長正在猶豫懷疑，賀齊率領本縣官兵已經如猛虎般殺將出來，這一戰，直殺得山越人七零八落、狼狽逃竄，從此賀齊威名傳遍山越各部落。

孫策時代，王朗與孫策在會稽作戰，後來王朗戰敗，孫策攻克會稽，可是今浙江南部以及福建一帶並未服從。孫策派南部都尉韓晏討伐，遭遇失敗。還是賀齊出兵，平定了南部。不久南部再叛，當地人張雅自稱無上將軍，詹強自稱會稽太守，一時間兵強馬壯，整個福建都被他們所控制。孫策遠在吳郡，無暇顧及此處，於是委任賀齊為永寧縣長，負責福建事務。

賀齊雖然受命，孫策卻不曾撥一個兵給他，兵微將寡的賀齊唯有相機行事。也是時勢造英雄，賀齊發現無上將軍張雅與他的女婿何雄各自擁有強大兵力，互不買帳，關係糟糕。賀齊巧施離間，張雅、何雄二人果然翻臉火拚。鷸蚌相爭漁翁得利，這是亙古不變的道理，賀齊乘機率兵突擊，一舉將這支割據勢力剷除。

然而整個孫策時代，賀齊始終未能得到重用。這大概是因為他與孫氏的關係比較疏遠，又長期處在山區，難免默默無聞。

孫權發現了這個人才，他決心重用此人。此前他已經派出呂範、黃蓋等老將征伐山越，可是效果並不佳。顯然要平定山越，熟悉本地地形和風土民俗的本土將領更為適合。

然而孫權要啟用本土派的打算卻遭遇很大阻力，程普、韓當、黃蓋這些老將自從父親孫堅時代便已經跟隨帳下，資歷、年齡，都足以讓他們驕傲。而今孫權居然要捨棄他們，另用本土新人，自然招致他們的反感。有人甚至唱起了《詩經》來警告孫權：「文王曰諮，諮女殷商。匪上帝不時，殷不用舊。雖無老成人，尚有典刑。曾是莫聽，大命以傾。」

這是西周末年召公抗議周厲王之歌，大意是：殷的滅亡不能怨上帝，是殷王不用舊臣的緣故。現在有人在孫權耳邊唱這首歌，諷刺意味顯而易見。孫權只能耐心地跟老將們解釋：「山越不過是一個次要的戰場，江夏才是主要戰場，吾之所以把山越交付給新人，是因為需要諸位在江夏用命啊！」

話雖是這樣說，其實山越戰場已經成為了孫權眼下最為重視的決定江東命運的生死之地。不久建安（今福建建甌南）、漢興（今福建浦城）、南平（今福建南平）等縣全面叛亂，參與叛亂的不僅有山越，還有很多當地漢人，總人數達到數萬，一時聲勢浩大，席捲閩中。

孫權任命賀齊為南部都尉，同時下令：會稽郡各縣出兵五千，由縣令、縣長率領，統一歸賀齊指揮。要知道，許多縣令都是由老將擔任的，譬如黃蓋、韓當，還有一些縣令則是近年來風頭正勁的少壯派擔當，如周泰、呂蒙。

「吾將南部交付公苗，公苗可不能讓吾失望！」

公苗是賀齊的字，如此稱呼，含有親密之意。長期以來不得重用的賀齊不由淚流滿面。

「能為主公分憂，是賀齊的大幸！」

然而賀齊實際可支配的兵力依然不多，因為許多縣的兵力都沒有及時到位，許多宿將更是不屑一顧。賀齊深入建安縣之後，發現自己所面對的敵人竟是本方部隊的數倍。

更令賀齊憤怒的是，許多縣令根本不聽他的指揮。他曾經派遣松楊縣（今浙江黃岩境）長丁蕃率所部留置餘汗（今福建建甌北），以確保後方補給線。然而丁蕃居然置若罔聞、不服命令。

「賀齊雖然名微，卻是受了主公的委任南下征戰，丁縣官違抗賀齊之命令，便是違抗主公之軍令，按律當斬！」

賀齊斬丁蕃一事報知大本營，立刻有誹謗之言傳到孫權耳中：「賀齊殺人，並未稟報主公，可謂先斬後奏，可見此人膽大妄為，不可不防！」

孫權一笑置之：「吾已經將南部之事全權委任賀公苗，公苗的意思，便是孫權的意思！」

此言一出，全軍震懾，無不用命。於是賀齊直趨漢興，猛攻敵營，連連獲勝，陣斬敵將，而後回軍進擊南平，叛軍聞賀齊之名喪膽，紛紛投降。賀齊殲敵六千，收編地方武裝萬餘人，不但恢復了後方的治安秩序，更為孫權增添了一支大軍。

於是孫權拜賀齊為平東校尉，須知此時黃蓋的職務不過是丹楊都尉而已。

27. 凌統與甘寧

轉眼已經是建安十二年（207），這是孫權接管江東的第八個年頭。經過賀齊等將領的反覆清剿，山越叛亂漸趨平息。孫權再度把視線投向江夏，他第二次攻打黃祖，雖然未能攻陷城池，卻俘虜了大批人口，用以充實江東。

這一會，還有一個意外的收穫。

那日孫權正與凌統在大營中聊軍務。

凌統是吳郡餘杭人，父親凌操死後，孫權把凌操的部隊全部交給凌統帶領，在山越戰場上，凌統也屢立戰功，孫權特別升遷他為破賊都尉。這其中自然有憐惜他的父親為國捐軀、所以對兒子特別照顧的意思。

沒想到凌統畢竟太年輕，血氣方剛的他上任不久，居然手刃了自己的同事。

被殺的將領名叫陳勤，也是一員脾氣火爆的猛將。那日一班小將坐在一起行令喝酒，這本是高興的事，可是這位陳小將酒德欠佳，喝不了幾杯酒便發起酒瘋來，不可一世地欺負同僚、借酒使性子。他欺負別人倒也算了，人家見他撒潑模樣、不知是真醉假醉，多數忍讓。可是他居然欺負到凌統頭上，要知道這位統公績可是一隻好鬥的公雞，可不買你的帳。

凌統正要發作，有人勸住他：「陳勤醉了，不要與他計較！」凌統聽了這話，按捺住性子，不與陳勤一般見識。

誰想到這陳勤見凌統忍讓，更加張狂，竟然惡語相向、辱罵凌統。這罵幾句也就算了，還侮辱到了凌統已死的父親凌操頭上。

凌統這火騰一下子就上來了，他怒睜雙目，握緊鐵拳，不但陳勤嚇了一跳，在座各位也以為要出大事了，趕緊相勸。

但凌統並沒有出手打陳勤，面對眾人的相勸，他流淚不語。人家連你死去的老爹都敢侮辱，這個奇恥大辱，怎麼能忍受?可是大家同僚一場，又當如何?

酒喝到這個地步，已經沒什麼意思了，大家掃興退場，各回各營。

本來這事也就這樣了結了，可是凌統回營之際，「乘酒凶悖」的陳勤居然又從小路竄出來，攔住凌統的馬頭，把酒席上那些侮辱人的話又罵了一遍。

凌統大怒，陳勤大笑：「爾敢殺吾不成？」

話音未落，凌統的刀已經斫落下來，只聽得陳勤一聲慘叫，附近尚未走遠的小將們聞聲趕來一看，這廝已經倒在血泊之中。

不久陳勤便因為傷勢過重，死了。簍子捅大了，負責軍紀的官員報告到孫權那裡說：「凌統殺害同僚，現在已經自拘於軍正。」

孫權起初是大怒，看來對這小子照顧太過，長脾氣了，居然敢殺害同僚，要知道身為江東之主的孫權，對於生殺之事也是很慎重的！前不久賀齊殺了丁蕃，可那是丁蕃不聽軍令在先，賀齊按照軍法行事。你凌統與陳勤可是平級，就算陳勤有錯，那也得陳勤的上司也就是我孫權來處置他！

然而聽明白了詳情之後，孫權落淚了，他長嘆一聲，命軍政官把凌統先拘押起來再說。

最後孫權對凌統法外開恩，允許他立功贖罪。在此後的一場戰鬥中，凌統便做好了戰死沙場的準備：「非死無以謝罪。」

於是身先士卒、冒著箭矢和滾石衝鋒。孫權在陣前望見，對呂蒙說：「快攔住凌公績，他這是在玩命！」呂蒙說：「他不是在玩命，他是真的求死，以報答主公的法外開恩。」

凌統求死，死神卻不眷顧他，幾次衝鋒，凌統都安然無恙。到最後，凡是凌統所到之處，敵軍便聞風潰逃。結果這一仗打下來，凌統的功勞第一。

孫權很感動。

這日孫權正與凌統聊著，呂蒙在外求見。喜滋滋地進來之後，一眼看見凌統，卻有些尷尬，很不自然地傻笑。

「何事？」

呂蒙瞧瞧凌統，不說話。凌統明白，這是讓他迴避呢！

凌統退出之後，呂蒙告訴孫權，荊州方面有一員大將來降。孫權一聽挺高興，問：「是誰？」

呂蒙說：「是甘寧！」

孫權想，難怪叫凌統迴避。他啐一聲，何物大將，原來是「錦帆賊」，他殺了凌操，吾這裡用他不得！

呂蒙一時無語，他知道孫權最近很欣賞凌統。其實從感情的天平上而言，他也同情凌統，可是所謂戰爭，可不是感情用事！呂蒙想說服孫權，可是一時找不到恰當的言辭，也難怪，他讀書太少了，打仗一流，講道理不行！

但是甘寧怎麼會來到江東呢？

第一次江夏會戰中，甘寧成功伏擊孫權軍團，射殺了淩操，為黃祖軍立下大功。按常理黃祖應該好好犒賞這位「錦帆賊」，可是甘寧等了許久，不要說一官半職，連一串銅錢都不曾看見。

甘寧很鬱悶，他向蘇飛求教其中緣由。蘇飛說，哪裡有什麼緣由，你不要多心！甘寧怒：老蘇你到現在還糊弄我！蘇飛見他認真，只好說出實情，其實蘇飛早就為甘寧向黃祖請功了，可是黃祖完全不理睬：「不過是僥倖罷了！」

蘇飛說，看來黃將軍真的很不喜歡你，立下這麼大的功勞也不能改變他對你的看法。

蘇飛的話讓甘寧更加鬱悶，兩人坐在一起喝起了悶酒。酒酣之際，蘇飛似乎下定了決心，他勸甘寧另尋明主：「本督數次推薦，黃將軍還是不肯重用閣下。日月流逝，人生幾何？閣下應該早做長遠打算，另尋明主，或許可以成就一番大事！」

甘寧知道蘇飛說得是實情，可是他該往哪裡去呢？從前投奔劉璋，後來投奔劉表，都以失敗告終。況且江夏如今戒備森嚴，他根本無法脫身。

蘇飛說他可以幫甘寧脫身，至於脫身之後去哪裡，悉聽尊便。

蘇飛的情義，讓甘寧很是感激。他發誓將來一旦蘇公有事，甘某人一定捨身相救。蘇飛笑，烏鴉嘴！

不久以後，邾縣（今湖北黃岡西北）縣長出現空缺，蘇飛向黃祖提名讓甘寧擔任，大概是想起甘寧的功勞了，黃祖這次欣然答應。甘寧帶著他的兄弟們開赴邾縣，在那裡，甘寧與孫權軍團的呂蒙取得了聯繫，表示願意投誠。

呂蒙大喜，他的判斷是甘寧反水、江夏可下，可是一見孫權，他才明白其中尚有難以踰越的困難。

怎麼辦？

解決問題的人依然是周瑜周公瑾，呂蒙向周瑜求助之後，他立刻從鄱陽湖趕赴大營見孫權，一見面就說：「為何不答應甘寧的投誠？」

孫權說，此人殺了凌操，是我江東的敵人。我若收納此人，何以安慰凌操的英靈？

周瑜搖頭，沙場之上，各為其主。當時甘寧是荊州的人，自然與我軍為敵。如今他棄暗投明，便是江東之人。凌都尉（指凌操）英靈若有知，也不會抱怨主公。

孫權依然猶豫，誰知道他是真降假降？

周瑜說，真降假降？依照情勢可以判斷。黃祖年紀大了，越來越昏庸，甘寧立下戰功卻得不到合理的獎賞提拔，自然心懷怨恨。怨恨則思變，這是情理之中的事。甘寧是巴郡的蛟龍、水戰的好手，我們得到甘寧，便增添一份力量。黃祖失去甘寧，便少了一份力量。如此看來，攻克江夏已經是遲早之事！

周瑜這麼一說，孫權才發覺自己的確是感情用事了，他欣然允諾，接受甘寧的投降，他讓呂蒙轉告甘寧：「過來之後，不要擔心，吾會把他當做舊臣一樣看待！」

於是「錦帆賊」甘興霸終於得到歸宿，加入孫權陣營。然而凌統與他的殺父之仇不共戴天，又該如何處置。這正是孫權的頭痛之處。

孫權唯有用權力壓制，他特別對凌統下了一道手令說：「甘寧昔日為黃祖手下，不得不為荊州用命。如今來奔，即為同列，不可追究舊惡，公績切記吾令！」

凌統心想這是什麼邏輯？孫權可以攻打黃祖，為父親報仇。凌統憑什麼就不能殺甘寧為父親報仇。

雖然心懷不滿，可是表面上只能從命。

這邊甘寧新來乍到，便急著向孫權獻策，他認為目前正是攻打江夏的良機，而且孫權的目標，也應該不僅僅是江夏，而是整個荊州。無論是江夏黃祖，還是荊州劉表，都已經年高智衰，如果拿下荊州，不但可以以此抗衡曹操，還可以向西謀取巴蜀。他熟悉益州和荊州的地形，可以擔任大軍的嚮導。

張昭恰好在座。甘寧的獻策，在張昭聽來簡直是天方夜譚、信口雌黃，他提出異議說：「鞏固了根本，才有餘力奪取四方。如今吳郡一帶民心浮動，根基不穩。我恐怕大軍一旦西進，後方會發生叛亂。」

甘寧雖是新人膽子卻很大，居然敢反駁張昭：「主公把蕭何的重任託付給張長史，穩固根基一事，正是您的職責所在。現在您卻說什麼民心浮動，恐怕會被蕭何恥笑！」

楚漢爭霸之際，劉邦把關中大後方交給蕭何鎮守，蕭何不但穩固後方，還能為前線源源不斷地輸送兵力和補給，因此劉邦才能成功。甘寧用蕭何的例子諷刺張昭，妙極！

孫權心中暗笑，想不到老張也有被辯倒的時候。他舉杯向甘寧敬酒，稱呼甘寧的字：「興霸」。他答應甘寧，今年一定會興兵討伐江夏，到時候興兵作戰，就看甘寧的表現。

「只要建立大功，吾必然重賞，興霸又何必在乎張長史那幾句話呢？」

28. 復仇終章

建安十三年的春夏之際，孫權終於發動第三次江夏會戰，這一次他勢在必得。然而他的船隊一進入江夏水面，便被黃祖的特別防線阻擋，水戰不利，無法前進。

孫權與甘寧到船樓上瞭望，原來是黃祖聞聽甘寧叛逃，預料孫權會再度侵犯，為了防禦江東水軍，他下令用兩艘蒙衝戰艦封鎖江面，所謂蒙衝戰艦，乃是用生牛皮矇住船身增強防禦度的一種戰艦，這種戰艦下面開孔，容納船槳，上面則開有小視窗，作為射擊視窗，儼然一座水上堡壘。

為了保險，黃祖又命人用最牢固的棕櫚材料搓成長繩，繩子上綁著巨大的石頭，橫在江中，將兩艘蒙衝戰艦固定在江面上，令江東水軍無法通過。

孫權大軍進抵江夏江面之時，遠遠望見黃祖這道堅固防線，已經人人生畏。待到進入黃祖軍團射程範圍之內，煞那間萬箭齊發、矢如雨下，江東軍團死傷慘重，只能退兵。

孫權頓時成了苦瓜臉，他瞧瞧甘寧，那意思你不是說攻克江夏易如翻掌麼，現在你看看，該怎麼辦？

甘寧觀察了半天，看出點端倪來了。他告訴孫權，黃祖這道特別防線的弱點在那兩道棕櫚繩子，只要砍斷繩子，那兩艘戰艦就會隨波逐流，無法固定，我軍便可突進。

孫權點頭，話是不錯，可是黃祖軍團的防守那麼嚴密，誰能冒死砍斷繩子呢？

有兩個勇士站了出來，一個是凌統，另一位則是董襲。

董襲字元代，也是會稽郡人氏，此人身高一米八，在古代算是大個子了，國字臉、大嘴，力大無比、一身好武藝。孫策時代擔任賊曹，也就是負責治安的警察局長。因為討伐盜賊立下纍纍軍功，提拔為揚武都尉。當年太夫人擔心孫權能不能保住江東，就是他回的話。

董襲與凌統各帶了「百人眾」，即人數在一百人左右的敢死隊，每個人都穿了兩重的鎧甲以抵擋箭矢。雖然如此，還是九死一生，能不能完成使命，或許只是看運氣而已。

黎明時分，趁著江面有霧，兩支敢死隊分坐兩艘大船，向江夏防線衝刺。守軍雖然看不清來船，可是一有動靜，無數支箭已經如雨般射向江霧中模糊的船影。等到大船逼近蒙衝戰艦，船身已經被射得猶如刺蝟一般。

黃祖的軍士望著來船，心想就算船上有倖存者，也不能動彈了吧！

就在交錯之際，一個彪悍的身影站了起來，他的目標是長繩。他的動作有些遲緩，似乎是盔甲過於沉重的緣故，他把手中的一雙短刀劈向空中的長繩，一刀，砍開一個口子。再一刀……黃祖的軍士恍然大悟，舉起手中的弓弩朝他射擊，但是隨即有幾個戰士揮舞盾牌，擋住了箭矢。

此人正是董襲，他終於砍斷兩條長繩，黃祖精心布置的防線頓時瓦解，蒙衝戰艦在水波流動之下橫了過來，於是門戶大開，江東水師大舉進攻了！

黃祖的首級，終於出現在孫權的視線之內。孫權從未見過這個人，一直以來，他想像著此人的猙獰面目，然而現在一看，他的相貌很普通，只不過一個尋常老翁而已。但是正是這個老翁，當年在峴山射殺了父親孫堅。孫權不覺淚眼模糊，殺父之仇不共戴天終於得報了！

蒼天有眼哪！

孫權準備了兩個木匣子，一個裝黃祖，一個裝蘇飛。黃祖的首級是用來祭奠父親的，至於蘇飛，他打算送給凌統用來祭奠凌操，因為當年正是蘇飛設計了夏口伏擊戰，可以說甘寧不過是執行者而已，蘇飛才是真正殺害凌操的凶手。

孫權想，如此一來，便可以給凌統一個安慰。

但就在處死蘇飛之前，甘寧卻從座位上走了下來，向孫權磕頭出血。當他抬起臉來時，五官之間已是涕淚交流。

「興霸，你是今日的功臣，為何如此自苦？」

甘寧是為蘇飛求情，他向孫權陳述蘇飛對自己的情義

「如果甘寧不是遇到蘇飛，早已經死在臭水溝裡了，怎麼可能做江東的臣子。如今蘇飛論罪當斬，我只好冒死請求將軍饒他一死！」

甘寧的話讓孫權動容，他覺得很是為難：「如果蘇飛逃走怎麼辦？」

甘寧說：「如果蘇飛逃走，就拿甘寧的人頭是問！」

話說到這個程度，孫權再不法外開恩就太傷甘寧的心了，畢竟甘寧是攻克江夏的首席功臣。於是孫權點頭，赦免了蘇飛。

董襲是這一戰的第二功臣，孫權舉杯向他致意：「今天的慶功宴，多虧元代冒死砍斷長繩，這才得以舉行啊！吾敬元代！」

接著是呂蒙、凌統等大小將領，個個都有功勞。

就在酒酣耳熱、氣氛熱烈之際，凌統紅著眼睛站了起來，說要為大家表演舞刀以助酒興。

說著凌統便拔出佩刀，在酒席中央的空地上揮舞起來。別看他喝了幾杯酒，似乎有點醉

意。這手中短刀一舞將起來便進入了角色，只見他步法穩健扎實、腳步輕盈靈活、動作流暢、舞姿優美，不由得眾人聲聲叫好！

然而舞著舞著凌統的刀便漸漸朝著一個方向逼近了，彷彿有磁石將刀吸引過去一般。呂蒙看清楚了，那吸引刀的磁石不是別個，就是甘寧啊！

父仇難忘啊！

甘寧也看出來了，「這不成了鴻門宴嗎？項莊舞劍志在沛公，凌統舞刀意在甘寧啊！」如果再安坐不動的話，說不定一閉眼一走神就讓凌統給刀劈了。他抽出身邊帶囊中的一對雙戟，這是一種短兵器，形狀類似傳說中呂布的畫戟，上有一月牙，中間戟頭形似槍頭。可是沒有長柄，長三尺半至四尺不等，使用者握在手裡，可以投擲，也可以揮舞抵擋、刺殺。

「單是舞刀未免有些無趣，不如在下以雙戟與公績共舞！」

說著甘寧縱身一躍，一對雙戟擋住了凌統砍來的雙刀，兩人刀來戟往，就在空地上舞將起來。孫權一看：說是跳舞，卻是殺氣騰騰，簡直是格鬥！正要喝令停止，席中又有一員大將參與，原來是呂蒙，操刀挾盾、格擋刀戟，分開二人，站在了當中。

「甘寧雖能舞，還是不如我舞得精妙。」

凌統見呂蒙出手，知道父仇難以得報，把雙刀扔在地上，放聲大哭。眾人默然，都能體會凌統此刻的心情，主公的大仇已報，可是為了主公報仇而戰死的凌操，他的兒子又該找誰去報仇雪恨？仇人若是敵將，沙場之上、相見搏命，必有了斷。可是現在仇人成了同僚，又在你的面前得意洋洋，其中滋味，怎是一個咬牙切齒了得！

最後的結局，只能是把兩人分開，來個眼不見心不煩。甘寧隨後被派駐遠離凌統的地區駐紮，兩人若無公務，絕不相見。

對於剛剛完成復仇大業、意得志滿的孫權而言，這一幕真是煞風景，可是他實在是太高興了，所以不在意。

從座位上晃徘徊悠地起來，孫權也拔出自己的佩劍，躍身到場地中央舞將起來，邊舞邊唱道：

操吳戈兮被犀甲，車錯轂兮短兵接。
旌蔽日兮敵若雲，矢交墜兮士爭先。
凌餘陣兮躐餘行，左驂殪兮右刃傷。
霾兩輪兮縶四馬，援玉枹兮擊鳴鼓。
天時懟兮威靈怒，嚴殺盡兮棄原野。

出不入兮往不反，平原忽兮路超遠。
帶長劍兮挾秦弓，首身離兮心不懲。
誠既勇兮又以武，終剛強兮不可凌。
身既死兮神以靈，魂魄毅兮為鬼雄！

孫權真的是得意忘形了，他不知暴雨將至。建安十三年的夏是如此這般的悶熱，空氣中瀰漫著窒息的沉悶，一場暴風驟雨旦夕將至，留守吳縣大本營的張昭誠惶誠恐、焦躁不安，長江邊，周瑜眼望水天一線，若有所思。江東史上最令人難忘的時刻即將到來！

這場空前絕後的大暴雨，才是孫權真正需要認真面對的考驗。這一次，沒有父兄的庇佑，孫權將獨自面對！

這一年，孫權剛好二十七虛歲，接管江東整整八年，他即將面對的對手曹操五十四虛歲。若按西元曆法來算，孫權誕生於二世紀的八〇年代，而曹操誕生於五〇年代，這是一場八〇後青年小弟與五〇後成功人士的對抗。

滾滾長江東逝水，浪花淘盡英雄。在涿鹿、鳴條、牧野、垓下、昆陽、官渡之後，有史以來這是第一次在南國的土地上演繹天下之戰，這個地名叫做赤壁！

電子書購買

爽讀 APP

國家圖書館出版品預行編目資料

東吳帝國——兄弟爭鋒：江東霸業的奠基 / 司馬路 著 . -- 第一版 . -- 臺北市 : 複刻文化事業有限公司 , 2025.04
面；　公分
POD 版
ISBN 978-626-428-007-5(平裝)
1.CST: 三國史 2.CST: 通俗史話
622.3　　　　　114003312

東吳帝國——兄弟爭鋒：江東霸業的奠基

臉書

作　　者：司馬路
發 行 人：黃振庭
出 版 者：複刻文化事業有限公司
發 行 者：崧燁文化事業有限公司
E-mail：sonbookservice@gmail.com
粉 絲 頁：https://www.facebook.com/sonbookss/
網　　址：https://sonbook.net/
地　　址：台北市中正區重慶南路一段 61 號 8 樓
8F., No.61, Sec. 1, Chongqing S. Rd., Zhongzheng Dist., Taipei City 100, Taiwan
電　　話：(02) 2370-3310　　　傳　　真：(02) 2388-1990
印　　刷：京峯數位服務有限公司
律師顧問：廣華律師事務所 張珮琦律師

定　　價： 320 元
發行日期： 2025 年 04 月第一版
◎本書以 POD 印製